# OBSERVATIONS

## SUR LA LIQUIDATION

# DE L'INDEMNITÉ.

PARIS.—IMPRIMERIE DE FAIN, RUE RACINE, N°. 4,
PLACE DE L'ODÉON.

# OBSERVATIONS

Sur

## LA LIQUIDATION

de

# L'INDEMNITÉ.

PARIS,

PÉLICIER, LIBRAIRE,

*Place du Palais-Royal, N°: 243.*

1825.

# OBSERVATION

## PRÉLIMINAIRE.

La loi d'indemnité n'a pu consacrer entièrement les grands principes de la propriété (1); la justice a fléchi devant la
raison d'état.

Une longue possession, un grand nombre de mutations par ventes, échanges,

---

* Un orateur les a rappelés à la chambre des pairs avec
autant d'éloquence que de force et de précision.

« La propriété, disait M. le comte Portalis dans
» son rapport au nom de la commission, la propriété,
» aussi ancienne que le genre humain, est du droit des
» gens comme la famille; elle est le fondement de l'ordre
» social, comme la famille en est l'élément; aussi l'office
» principal des lois civiles est-il de régler ce qui con-
» cerne l'état des personnes et des biens. Tout ce qui
» porte atteinte à la propriété ébranle l'État tout entier,
» comme tout ce qui ébranle l'État menace la propriété.
» C'est ce qu'exprimait avec tant d'énergie la religion
» toute politique du peuple romain, lorsqu'elle autori-
» sait le dieu Terme à disputer le sommet du Capitole au
» plus puissant des dieux .. »

saisies immobilières, successions, donations, etc...., qui avaient divisé à l'infini
les propriétés, et substitué de nouveaux
acquéreurs aux acquéreurs primitifs ; enfin, les droits des tiers résultant d'affectations hypothécaires, ou d'autres actes
divers, telles sont les puissantes considérations qui ont nécessité la confirmation
des ventes de biens confisqués.

Prononcée par une disposition fonda-
mentale de la charte, elle fut encore reconnue par les dispositions spéciales de la
loi du 5 décembre 1814.

Ces grands antécédens, cette double
base constitutive et légale, fortifiée par
l'accroissement successif des causes qui
l'avaient fait poser, expliquent comment
la raison d'état a exigé de modifier, dans
la loi d'indemnité, les principes ordinaires de la propriété ; comment elle a encore exigé de restreindre la justice due
aux anciens propriétaires, dans une double limite ; savoir : l'inviolable garantie
déjà assurée aux nouveaux propriétaires,

et l'étendue des charges que notre situation financière et politique permettait d'imposer aux contribuables, sans compromettre le crédit du présent ni les ressources de l'avenir.

C'est ainsi que les actes de la confiscation sont de nouveau maintenus et confirmés.

C'est ainsi que l'état, dans l'impossibilité de restituer les biens en nature, se constitue débiteur, dans une proportion déterminée, du prix de ces biens, que tous les titres des anciens propriétaires se trouvent résolus en un droit d'indemnité, et que cette indemnité fait désormais partie de la dette publique. Mais il est vrai de dire aussi que le dédommagement n'étant pas plein et entier, ces anciens propriétaires auront le mérite et conserveront tout l'honneur d'un sacrifice fait à la paix publique.

La loi nouvelle, qui n'est pas une loi

générale, mais une loi spéciale et d'application déroge en beaucoup de points au droit commun, ou au droit administratif, tels qu'ils se trouvaient établis ; et lorsqu'elle s'y refère, c'est encore que la raison d'état l'a permis.

Ces observations ne sont pas étrangères à notre sujet, car toute loi a un principe qui domine ses conséquences, et dès lors celui qui a dicté la loi d'indemnité devra influer sur la solution de toutes les questions à décider en l'absence de dispositions formelles.

Dans l'exécution de cette loi , on ne peut voir qu'une grande liquidation entre l'état et les anciens propriétaires ou leurs représentans.

Le cours des opérations présente trois divisions naturelles.

1° . *Le travail préparatoire de la liquidation* , lequel comprend la confection des bordereaux d'indemnité par le directeur des domaines, l'état des dettes, l'avis du préfet, statuant en conseil de préfecture, donné après débats contradictoires, et la communication de cet avis aux parties.

2°. *La liquidation qui est arrêtée*, après une instruction contradictoire entre le ministre des finances et les parties intéressées, par la commission nommée par le Roi, en exécution de la loi.

3°. Enfin, *l'appel* des décisions de la commission, qui peut être interjeté, soit par les parties intéressées, soit par le ministre des finances, et qui est porté devant le Roi en son conseil d'état comme tout autre recours contre les décisions en matière contentieuse.

Suivant chacun de ces degrés, l'instruction a lieu avec des formes particulières que nous aurons soin d'indiquer.

A l'égard de la juridiction, on pourrait

dire, en général, qu'elle appartient à l'administration, et accessoirement aux tribunaux.

Elle seule reconnaît la dette, fixe sa quotité, ordonne la délivrance à qui de droit.

Mais les tribunaux peuvent être saisis des questions d'état et de propriété, tant par l'autorité administrative, que par les parties.

Ils peuvent aussi, reconnaissant ou déclinant la compétence, renvoyer telles ou telles questions devant l'autorité administrative.

De là résulteront, probablement, des conflits soit positifs, soit négatifs, et le ministre ou les parties auront à recourir au Roi, non comme juge d'appel, mais comme suprême régulateur des juridictions.

Ce qui précède ne s'applique qu'à la liquidation proprement dite.

Il est une seconde opération, entièrement distincte et indépendante, non moins importante et non moins difficile. Cette opération est celle de l'appréciation des lésions, qui doit servir de base à la loi à rendre sur la répartition du fond commun destiné à réparer les inégalités *individuelles* qui résulteront, nécessairement, de l'application des bases générales pour la fixation de l'indemnité.

Le tableau de cette appréciation, qui est toute d'équité, doit être dressé par la commission, qui le soumet au Roi, avec un rapport sur ses travaux. Mais cette matière, étant régie par un autre ordre d'idées et de principes, ne doit trouver sa place que dans nos observations sur les articles de l'ordonnance qui y sont relatifs.

C'est dans la vue d'accélérer, autant que possible, ces deux opérations, et de déterminer le mode d'exécution de la loi, que l'ordonnance du 1er. mai a été rendue.

Plus on l'étudie, plus on est forcé de reconnaître avec quelle prévoyance et quel scrupule même le gouvernement a recherché les divers moyens d'établir, à peu de frais, les droits des parties, et de concilier les intérêts respectifs.

Il a facilité les recherches, ordonné toutes les communications, abrégé les délais, évité tout circuit vicieux, pour la transmission des états du passif; il a fixé de justes bases pour l'appréciation des lésions; enfin il a voulu que le débat contradictoire s'établît, dès le principe, devant le préfet, et que ce fonctionnaire fût éclairé par les discussions du conseil de préfecture.

Nous aurons occasion de faire remarquer que ces garanties ne sont pas les seules offertes à l'état et aux particuliers, et que l'on n'a plus à redouter ces liquidations ténébreuses si justement reprochées aux gouvernemens arbitraires. La publicité de l'instruction, les avis des divers fonctionnaires, l'utile contrôle établi entre eux, la hiérarchie des juridictions, tout promet aux parties une prompte et entière justice.

Aux dispositions générales de la loi et de l'ordonnance, dont l'application devra toujours être empreinte du noble caractère de la justice et de l'impartialité, viennent encore se joindre des mesures particulières d'exécution.

M. le ministre des finances adresse aux préfets des circulaires en forme d'instructions. Destinées à éclairer les agens de l'administration, à leur imprimer une marche uniforme, elles sont encore utiles à tous par leur publicité.

Toutefois elles ne peuvent renfermer que des avis administratifs, des solutions à des questions proposées par les collaborateurs de l'administration, mais non des décisions obligatoires.

Quels que soient les efforts du gouver-

nement, on ne peut cependant se dissimuler les difficultés nombreuses et inévitables que rencontrera cette grande liquidation.

Difficultés à raison de cette partie de
l'instruction confiée à tant d'administrations locales, qui ne pourront pas
toutes agir dans le même sens et avec
la même promptitude;

Difficultés pour la fixation de l'actif
et du passif * ;

Pour les justifications de l'établissement des qualités qui, suivant le lieu
ou la date de l'ouverture des successions,
se règleront par le droit écrit ou coutumier, par les législations de l'an II, de
l'an VIII, ou du Code civil, indépendam-

---

* On peut s'en former une idée d'après ce seul fait
établi dans l'exposé des motifs de la loi, que le nombre
des ventes s'est élevé, savoir ·

Celles antérieures au 12 prairial an III, à. 370,617
Et celles posterieures, à. . . . . . . . . 81,455
                                              ————
Au total. . . . 452,072

ment des lois transitoires et des lois spéciales , sur les droits d'aînesse , les substitutions , les institutions contractuelles , les élections d'héritiers et les enfans adoptifs ou naturels ;

Pour la solution de tant de questions importantes du droit public , du droit administratif, ou du droit privé , questions à juger par des législations diverses, et à la suite de trente-six années de révolution qui ont multiplié , à l'infini , le nombre et la variété des espèces.

Enfin , l'impossibilité de rapporter certaines justifications , les différens ordres ou degrés de juridictions à parcourir , et encore des incidens tels que les décès , compliqueront les instances et en prolongeront la durée.

Ces obstacles , insurmontables peutêtre en tout autre pays, ne le seront pas en France , et ils pourront fournir une nouvelle preuve que si notre législation et notre administration ne sont pas parfaites, elles l'emportent, néanmoins, sur celles de beaucoup d'autres peuples.

Il serait téméraire d'improviser, sur une matière aussi neuve, aussi grave et aussi étendue, un traité qui ne pourrait être que le fruit du temps et le résultat de la jurisprudence; mais alors ce traité arriverait trop tard pour être utile, et cependant les circonstances ne permettent point de différer.

Le travail que nous nous sommes proposés pourra, après tant de commentaires remarquables déjà publiés, avoir, nous l'espérons, un genre particulier d'utilité.

La position personnelle de l'auteur l'a porté à présenter quelques aperçus sur cette vaste opération, en la considérant dans ses rapports avec les intérêts de l'État, et avec le travail des fonctionnaires et magistrats qui doivent concourir à la liquidation : il a pensé qu'il ne se-

rait pas sans quelque avantage d'appeler,
dès à présent, l'attention sur les difficultés d'exécution, et de faire pressentir les
questions à l'aide de citations et d'observations.

Ses sentimens lui ont aussi inspiré le
désir d'éclairer, sur l'étendue et les limites de leurs droits, enfin reconnus, comme sur les moyens les plus sûrs et les plus
sages de les exercer, cette classe de Français qui a donné tant de preuves de dé-
vouement, et dont les malheurs ne pourront jamais être entièrement réparés.

# OBSERVATIONS

## SUR LA LIQUIDATION

# DE L'INDEMNITÉ.

L'ORDONNANCE du roi du 1<sup>er</sup>. mai 1825 reproduit, en les développant, toutes les dispositions de la loi du 27 avril sur la liquidation de l'indemnité. Nous commencerons par la rapporter avec des annotations sur chacun de ses articles.

Nous rapporterons ensuite la loi avec quelques autres annotations qui lui seront particulières.

Des numéros en marge indiqueront les principaux articles corrélatifs de l'une et de l'autre.

Voici le texte de l'ordonnance.

Vu la loi du 27 avril 1825, portant affectation d'un fonds de trente millions de rentes au paiement de l'indemnité due par l'État (1) aux Français (2) dont les *biens-fonds* (3)

situés en France, ou qui faisaient partie du territoire
français au 1er. janvier 1792, ont été confisqués et *aliénés* (4) en vertu des lois sur les *émigrés*, les *déportés et
les condamnés* (5) révolutionnairement ;

Voulant déterminer le mode d'exécution de la loi de
manière à accélérer, autant qu'il est possible, les liquidations,

Sur le rapport de notre ministre secrétaire d'état des
finances ;

Nous avons ordonné et ordonnons ce qui suit :

(1) Par suite de deux amendemens qui ont
pris naissance, le premier à la chambre des
députés, et le second à la chambre des pairs,
amendemens adoptés par les chambres et con-
sentis par le roi, il fut reconnu que l'indemnité était *due*, et qu'elle était due *par l'état.*

Cette double disposition mérite d'être re-
marquée. 1°. Elle résout en une créance sur
l'État les droits des anciens propriétaires, et
leur rend ainsi applicables, avant et outre le
droit commun, les règles qui régissent le crédit et la dette publique.

2°. Elle écarte l'idée produite en sens contraire dans la discussion, que l'État payait la
dette des acquéreurs ou de leurs ayant-cause;
qu'il pouvait et devait même exercer, pour
tout ou partie, un recours qui eût reproduit

la mesure impolitique des décomptes en matière de domaines nationaux, prescrits par les
arrêtés des 23 juillet 1803 et 22 octobre 1808.

Le gouvernement du roi avait déjà, par la
loi du 12 mars 1820, limité au 1er. janvier
1822 les effets de cette mesure. Aujourd'hui
la loi d'indemnité considère les acquéreurs
comme ayant, par le paiement de leur prix,
acquitté leurs obligations, et elle déclare purement et simplement l'état débiteur de ce
prix envers l'ancien propriétaire.

Comment ne pas reconnaître dans cet ensemble une preuve nouvelle du caractère politique de la loi et de sa tendance à consacrer,
par une sorte de transaction légale, tous les
droits acquis, et à ménager, par cette transaction, le plus grand intérêt de l'état, l'entier
rétablissement de la paix intérieure et le rap-
prochement des esprits?

(2) La première condition pour obtenir l'indemnité est donc la qualité de Français, sauf
les exceptions portées en l'article 23 de la loi.

« Le droit à cette indemnité ne constitue
» qu'une créance, et les étrangers ne peuvent
» la réclamer, parce que la France a réglé
» tout ce qui concernait les droits des créan-

» ciers étrangers, par des traités conclus avec
» leurs gouvernemens respectifs. » (Rapport
de M. le comte Portalis.)

Ces traités sont ceux des 3o mai 1814 et 20
novembre 1815; et, à l'égard des sujets de
S. M. B., ils ont même été indemnisés non-
seulement de la valeur des biens meubles ou
immeubles indûment confisqués sur eux , mais
encore du montant de leurs créances sur des
Français dont les propriétés avaient été vendues révolutionnairement.

Le même traité du 20 novembre a détaché
du territoire français Philippeville, Marien-
bourg, le duché de Bouillon, Sarre-Louis,
Landau, et autres lieux qui se trouvaient au
delà de la nouvelle délimitation.

L'article 7 avait accordé aux habitans *naturels* et *étrangers un espace* de six ans pour
se retirer dans tel pays qu'il leur plairait de
choisir.

Dans la rigueur du droit, ceux qui n'auraient
pas profité de ce délai pour rentrer en France
sont déchus du bénéfice de la loi.

En les rapprochant de l'analyse de notre législation en cette partie, ces circonstances et
d'autres encore feront pressentir les questions

de nationalité qui pourraient s'élever, et dont les unes seront du ressort de l'autorité souveraine, les autres de la juridiction des tribunaux.

Autrefois, comme aujourd'hui ( Voyez le Code civil ), la qualité de Français dérivait de la naissance de parens français, et, pour une étrangère, de son mariage avec un Français; elle se perdait, en général, par l'abdication de la patrie, spécialement par la naturalisation, l'acceptation de fonctions publiques, le service militaire, en pays étranger, sans l'autorisation du roi.

Sous l'ancienne législation, elle s'acquérait encore au moyen de l'adoption politique, c'est-à-dire par des lettres de naturalité délivrées à la grande chancellerie, vérifiées à la chambre des comptes et enregistrées au parlement.

Sous la nouvelle, il faut distinguer les lettres *de naturalisation*, des lettres *déclaratives de naturalité*, et des *grandes lettres* de naturalisation.

Les premières sont constitutives d'un droit nouveau; les secondes déclaratives d'un droit préexistant, comme pour des individus ayant appartenu à des pays séparés de la France par des traités, et qui ne voulaient pas renoncer à

leur ancienne patrie ; les troisièmes confèrent
en outre la prérogative de pouvoir siéger
dans nos chambres.

Voyez, au surplus, la constitution de 1791,
( tit. III, art. 3.), les actes des 13 décembre 1799,
19 février 1808, le décret du 17 mars 1809 ;

Le décret du 26 août 1811, sur les Français
au service des puissances étrangères, natura-
lisés en pays étrangers, avec ou sans l'autorisation de leur gouvernement ; décret modifié par
deux arrêts du conseil d'état du 19 juin 1814,
et la loi du 14 juillet 1819, abolitive du droit
d'aubaine ;

Les ordonnances du roi des 4 juin, 16 décembre 1814; 20 décembre 1815, 6 mars 1816,
29 octobre 1817; la loi du 14 octobre 1814 ;

Et l'avis du conseil d'état du 17 mai 1823,
dans lequel se trouvent établis, avec précision,
les principes sur les lettres *de [naturalisation*
et sur les lettres *déclaratives* de naturalité.


(3) L'expression *biens-fonds* doit se prendre,
sans aucune acception des personnes, dans le
sens générique d'immeubles, ce qui s'étend
aux immeubles par destination.


(4) Le mot *aliénés* a été substitué à celui de

vendus, qui se trouvait dans le projet de loi, afin de comprendre dans l'indemnité les biens transmis *à titre gratuit* par les gouvernemens usurpateurs. Il a été, au surplus, reconnu, lors de la discussion, que la loi s'appliquait à toutes les confiscations révolutionnaires de propriétés immobilières. De ce nombre sont les domaines congéables, héritages dont le propriétaire concède la jouissance, sans aliéner autre chose que les bâtimens d'exploitation.

L'usufruit d'un immeuble est aussi un droit immobilier.

Mais si l'usufruitier était décédé antérieurement au 22 juin 1825, ses héritiers seraient sans droit. L'usufruit n'est qu'une jouissance, il cesse là où il n'y a pas de jouissance, et dès lors les revenus antérieurs à cette époque du 22 juin seraient éteints par l'effet de la confusion.

A l'égard des usufruitiers qui existeraient encore, il y aurait à rechercher si, en exécution des lois des 21 germinal an 5 et 26 nivôse an 6, ils ne se seraient point fait liquider par l'état, ou s'ils n'auraient pas reçu une indemnité des adjudicataires des maisons grevées d'usufruits.

Comment procédera-t-on pour les actions des canaux de navigation données en majorats par le gouvernement avec stipulation de droit de retour, ou affectées aux dépenses de la légion d'honneur, et qui, aux termes de la loi du 5 décembre 1814, doivent être rendues aux anciens propriétaires, soit à l'époque où le retour s'effectuera, soit lorsqu'elles cesseront d'être employées aux mêmes dépenses?

Il nous semblerait y avoir toujours lieu de liquider sur le pied de 18 fois le revenu réel de 1790, mais de frapper l'inscription du même droit de retour, en sorte que celui-ci s'opérant, l'inscription rentrât aussi dans les mains de l'état.

On prévoit que ces inscriptions ne reviendraient à l'état que successivement après un grand laps d'années. Quel en sera l'emploi?

(5) Il faut entendre par *émigrés* ceux dont le nom a été inscrit sur des listes d'émigrés, ou dont les biens ont été frappés de séquestre ;

Et par *déportés* et *condamnés* ceux qui l'ont été pour faits ou motifs politiques.

D'ailleurs « ces expressions comprennent » tous ceux qui par des actes spéciaux ou collectifs auraient été proscrits et frappés de » confiscations, tels que les Vendéens ou autres » désignés par les lois de ce temps sous le nom » de rebelles. » ( Rapport de M. Pardessus.)

# TITRE I<sup>er</sup>.

## Dispositions générales.

### ARTICLE I<sup>er</sup>.

*Il sera procédé immédiatement* (1), par les directeurs des
domaines dans les départemens, à la liquidation de l'indemnité due par l'état pour tous les biens-fonds confisqués et vendus révolutionnairement.

Ces liquidations seront faites *au nom du propriétaire dépossédé* (2), et serviront de base aux bordereaux à former
sur les réclamations des parties, conformément aux
dispositions contenues en la présente ordonnance.


(1) L'art. 8 de la loi portait seulement que,
sur la demande des parties, qui leur serait
transmise par le préfet, les directeurs des
domaines dresseraient le bordereau.

L'ordonnance, dans la vue d'accélérer les liquidations, leur prescrit d'agir *d'office*.

Mais leur travail, qui aura l'avantage d'être
tout préparé, reste subordonné à une demande
formée en temps utile. Il est évident que l'action d'office ne va pas jusqu'à suppléer cette
demande, et à relever de la déchéance.


(2) Il était nécessaire de toujours opérer la

liquidation au nom de l'ancien propriétaire, quelle que fût d'ailleurs la position de ses représentans, attendu qu'ils tirent leur droit à l'indemnité de cet ancien propriétaire, et que le droit de celui-ci remonte au jour de sa dépossession.

Il est arrivé que des propriétés ont été vendues révolutionnairement, sous le nom d'un émigré ou condamné auquel elles n'appartenaient pas.

Les ventes n'étaient pas moins maintenues; mais il était généralement accordé aux propriétaires évincés des indemnités, ou remplacemens en biens-fonds.

Nous citons cet exemple pour prouver encore plus : 1°. que l'on doit toujours examiner si celui au nom duquel l'immeuble a été confisqué en était réellement propriétaire;

2°. Qu'il se pourrait que, dans certains cas, ce propriétaire eût déjà été indemnisé.

Aʀт. II.

**9** Notre ministre secrétaire d'état des finances transmettra au directeur général de l'administration de l'enregistrement et des domaines, l'état des *déductions à imputer* (1) sur l'indemnité due aux anciens propriétaires de biens-fonds confisqués et vendus révolutionnairement, qu à leurs représentans. Cet état sera adressé aux directeurs des domaines de chaque département. Il contiendra *les dettes payées* (2) à la décharge du propriétaire dépossédé , excepté en ce qui concerne les sommes payées à titre de secours aux femmes et enfans, les gages des domestiques et autres paiemens de même nature, faits en assignats et en exécution des lois des 8 avril 1792 et 12 mars 1793.

(1) Nous verrons ( art. 40) qu'il est procédé à la *révision* des états du passif, après la communication qui en a été donnée aux parties.

Les liquidations pour la dette exigible comprenaient les capitaux et les intérêts courus de tout le passé jusqu'au jour de la liquidation.

A l'égard de ces intérêts, on ne devra, suivant nous, opérer la déduction que de ceux échus antérieurement à l'époque de la perception des fruits et revenus par le gouvernement, ou de l'apposition du séquestre.

Les intérêts postérieurs se sont trouvés éteints par voie de confusion.

Des observations ayant été faites à ce sujet à la chambre des députés, S. Exc. le ministre des finances a répondu :

« Ce n'est que dans l'exécution de la loi qu'on » pourra, s'il y a lieu, déduire les intérêts qui » ont été cumulés avec le capital. »

Il n'y aura point à distinguer pour la dette

non remboursable, c'est-à-dire pour les rentes viagères.

Elles se liquidaient au denier dix.

Il était donné, en paiement des arrérages, des mandats, qui malheureusement ont, pour la plupart, péri dans les mains du porteur.

Mais lorsque l'état aura reçu des valeurs mobilières et immobilières, par exemple, lorsqu'il aura touché le produit de ventes d'effets mobiliers, et le produit de ventes d'immeubles, sera-t-il tenu de subir la déduction des valeurs mobilières sur les créances qu'il aurait liquidées?

Je ne le crois pas.

Lors de la fixation de l'actif des propriétaires dépossédés, on n'y comprenait généralement que le prix des immeubles saisis ou déjà aliénés par l'état, et non la valeur des meubles et effets mobiliers, ou les prix d'immeubles vendus avant l'émigration, et touchés par le gouvernement.

D'un autre côté, on n'avait point opéré de semblables déductions dans le relevé général des liquidations présenté aux chambres.

Ce relevé a été un des élémens de la fixation de l'indemnité, et il faudra l'admettre, autant que possible, pour se trouver en rapport avec la loi.

Enfin, il faut toujours en revenir à ce point, que l'indemnité ne peut s'appliquer qu'aux biens-fonds confisqués et vendus par l'état.

La liquidation s'opère entre l'état, *débiteur*, et l'ancien propriétaire, *créancier*; d'où il suit que le second doit compte au premier de tout ce que celui-ci a payé pour lui, et que l'indemnisé ne pourrait distinguer et prétexter, par exemple, qu'au nombre de ses dettes liquidées il s'en trouvait d'affectées limitativement sur les propriétés qu'il possédait en Belgique, et dont il aurait été spolié.

Si une même personne, représentée par l'état, avait recueilli plusieurs successions, et que le passif liquidé dans l'une d'elles présentât un excédant sur son actif, cet excédant devrait être imputé sur les autres successions.

En effet, il s'était opéré, dans les mains du gouvernement, une confusion de patrimoine, et l'ancien propriétaire, comme ses ayant-droits, sont tenus, du moment où ils réclament l'indemnité, de prendre les choses dans l'état où elles se trouvent.

Une question serait celle de savoir si l'émigré est passible de la déduction des dettes qui se sont trouvées éteintes par confusion, comme ayant été par lui contractées envers des communautés religieuses supprimées.

Nul doute d'après le droit commun.

Mais nous avons établi que le principe de la loi était la raison d'état.

Or, permettrait-elle d'étendre les déductions qui ont été spécifiées par la loi? N'a-t-elle pas voulu interdire toutes autres recherches, et que du moins quelques événemens de la révolution profitassent à ses victimes? D'ailleurs, la loi, et par les mêmes motifs, n'a ordonné que la compensation des *dettes payées;* et ici, l'état n'aurait rien payé.

Dans tous les cas, il nous semble qu'il en serait de l'état comme de tout autre créancier ; il aurait à former opposition pour être payé à son rang s'il est hypothécaire, et par contribution s'il est chirographaire.

Les diverses déductions à opérer, et le cas prévu de plusieurs successions qui auraient été recueillies, exigeront de reporter au nom des anciens propriétaires, ou de leurs représentans tout ce qui aurait été payé pour eux par l'état, et à quelque titre que ce fût, lorsqu'il exerçait leurs droits.

L'administration sera d'autant plus attentive à cet égard, que ces déductions sont de souve-

raine justice, et que dans la réalité elles s'opè-
rent, non dans l'intérêt de l'état, qui aura
toujours à payer le milliard, mais dans l'intérêt
si puissant des propriétaires lésés. ( V. art. 55. )

(2) Les liquidations ont eu lieu en vertu notamment de la loi du 9 février 1792, des décrets
du 25 juillet et 3 prairial de l'an II; des lois des 1er.
floréal an III et 24 frimaire an VI, de l'arrêté du
gouvernement du 3 floréal an XI, du décret du 13
décembre 1809, et de la loi du 5 décembre 1814.

Quelquefois ces liquidations étaient si générales qu'on a vu l'état rembourser une dette
viagère due conjointement par l'époux émigré
et par l'épouse règnicole, en conservant son
action en recours contre cette dernière.

Postérieurement au 13 décembre 1809, les
liquidations n'avaient lieu que sur des décrets
spéciaux. Il sera quelquefois difficile de retrouver ces actes de faveur, ainsi que l'auteur
de cet écrit a eu occasion de le reconnaître.

Pour les autres déductions voir l'article ci-
après.

### Art. III.

*Le directeur général* (1) de l'enregistrement et des
domaines joindra à l'état qui lui aura été transmis par le
ministre des finances un tableau indicatif,

9
15

1°. Des soultes payées à la décharge des propriétaires dépossédés;

2°. Des sommes provenant de *reliquats de décomptes* (2), lesquelles ont été remises aux anciens propriétaires ou à leurs représentans, en exécution de la loi du 5 décembre 1814, et des compensations opérées à leur profit pour des sommes dues par eux au même titre;

3°. Du montant des bons au porteur donnés en remboursement *aux déportés* (3) et aux familles des *condamnés* (4), en exécution des décrets des 21 prairial et 22 fructidor an III, réduit en numéraire, au *cours du jour* (5) où la remise leur en a été faite.

Il prescrira aux directeurs de son administration dans les départemens où sont situés les biens vendus révolutionnairement, et qui proviennent d'engagemens ou autres aliénations du domaine royal, qui n'auraient été maintenus par les lois des 14 ventôse an VII et 28 avril 1816, qu'à la charge de payer le quart de la valeur desdits biens, d'en dresser un état général, afin qu'il soit fait déduction du quart sur l'indemnité due pour les mêmes biens.

(1) La loi (art. 9) chargeait de ces vérifications le ministre des finances, comme ministre responsable.

L'ordonnance est rentrée dans l'ordre de l'administration en conférant ce soin au directeur général des domaines, lequel est, au surplus, subordonné au ministre.

(2) *De la vente de leurs biens* (art. 9 de la loi).

Les déductions doivent s'opérer sur les décomptes arrêtés dont les minutes existent dans les bureaux des directeurs des domaines, et sur lesquels la date et le montant de chaque paiement se trouvent établis; mais elles ne doivent avoir lieu que pour les capitaux, et non pour les intérêts qui auraient été compris dans les décomptes , et qui sont représentatifs des fruits.

Il se pourrait qu'un immeuble eût été vendu bien au delà de dix-huit fois son revenu, et que le propriétaire eût touché , par l'effet d'un décompte, les quatre cinquièmes du prix. Dans ce cas, aurait-il droit à l'indemnité pour le cinquième restant, calculé d'après les bases fixées par la loi, quoiqu'alors il obtînt au delà de l'allocation générale?

Nous ne le pensons pas. La quotité de l'indemnité et les déductions dont elle est passible sont déterminées par la loi.

Supposant donc que le bien eût été vendu 70,000 fr.; que son revenu réel fût de 3000 f., et que l'émigré eût touché, par suite d'un décompte, les 54,000 fr., capital de ce revenu multiplié par 18, évidemment il aura été

rempli de ce qui lui revenait aux termes de
la loi.

Si le montant d'un décompte a été remis à
l'héritier *naturel*, aux termes de la jurisprudence que la cour de cassation avait établie,
contrairement à la jurisprudence de la plupart
des cours royales, la déduction ne devrait pas
moins être supportée par l'hériter *institué* qui
se présenterait aujourd'hui.

Ce dernier doit prendre les choses dans l'é-
tat où elles se trouvent; la loi nouvelle n'a pu
préjudicier ni au gouvernement ni aux droits
des tiers.

Au surplus l'application de cette loi, rap-
prochée de l'interprétation qu'a reçue celle du
5 décembre, donnera lieu à beaucoup de questions.

(3) Le décret du 22 fructidor, à quelques
exceptions près, avait étendu aux déportés
les dispositions du décret du 21 prairial an III
sur les condamnés.

(4) « Les lois du 13 ventôse et du 21 prai-
» rial an III abolirent les confiscations pronon-
» cées contre les condamnés; elles ordonnèrent
» la restitution des biens non vendus, et pour

» tenir lieu aux familles des propriétés dont
» la vente était déjà consommée, elles leur ac-
» cordèrent, en remboursement du prix, des
» *bons au porteur* admissibles seulement en
» paiement de biens d'émigrés. Ces bons ont
» pu être depuis compris dans la liquidation
» de la dette publique, et, à défaut de liqui-
» dation, ils ont été frappés de déchéance. »
( Discours de M. le ministre des finances. )

(5) On avait proposé d'étendre cette réduction aux bons au porteur donnés en paiement
à des créanciers d'émigrés; mais M. le ministre
des finances a fait judicieusement remarquer
que, dans ce cas, c'était le créancier qui avait
souffert de la dépréciation des effets publics,
et que la loi sur l'indemnité n'avait pas pour
objet d'indemniser des pertes mobilières.

Le cours ne peut être établi légalement que
par le *Moniteur*.

### Art. IV.

Les préfets feront rechercher sans délai dans les
archives du département, et classer , à l'aide d'un
répertoire alphabétique, les procès verbaux d'expertise ,
d'adjudication ou de partage, et tous les autres actes
administratifs concernant les biens-fonds confisqués ou
aliénés en exécution des lois sur les émigrés, les dépor-

tés et les condamnés révolutionnairement, et qui devront être ou consultés par les employés supérieurs des domaines , ou *produits* (1) pour la vérification ou la constatation des relevés ou extraits d'après lesquels les décomptes d'indemnité auront été établis.

Un semblable travail aura lieu pour les titres des créances dont la liquidation a été faite dans les départemens.

(1) Ces actes devront être produits à la commission pour qu'elle puisse vérifier et constater la régularité des relevés. C'est aussi ce qui résulte de l'art. 44, aux termes duquel les titres doivent lui être envoyés.

# TITRE II.

### Des demandes en indemnité et des pièces qui doivent y être annexées.

#### Art. V.

L'ancien propriétaire des biens-fonds qui, en exécution des lois sur les émigrés, les déportés et les condamnés révolutionnairement, ont été confisqués et aliénés, ou qui ont été, soit donnés aux hospices et autres établissemens de bienfaisance, en remplacement de leurs biens vendus ou en paiement *de dettes* (1), soit affectés provisoirement à de semblables établissemens, soit concédés gratuitement à d'autres établissemens ou à des particuliers;

A défaut de l'ancien propriétaire, les Français qui
étaient appelés *par sa volonté ou par la loi* (2) à le représenter *à l'époque de son décès* (3) ; les héritiers qui ,
*en cas de renonciation* (4) des héritiers naturels ou institués, auraient accepté la succession, ou ceux qui, par
les arrangemens de famille , ont supporté la perte résultant de la confiscation ;

Les Françaises veuves ou descendantes d'émigrés, de
déportés ou de condamnés révolutionnairement, lesquelles auraient contracté mariage avec des étrangers antérieurement au 1er. *avril* 1814 (5), et leurs enfans nés de
pères ayant joui de la qualité de Français ;

Devront, pour obtenir l'indemnité, adresser une demande en liquidation au préfet du département de la situation des biens (6).


(1) La loi ne dit pas de *dettes*, mais de *sommes dues par l'état* (article 16). Ces expressions
se trouvent d'ailleurs rétablies dans l'article 27
de l'ordonnance.


(2) L'art. 7 de la loi place *la loi* avant la
volonté de l'homme; et l'art. 8 de l'ordonnance
conserve cet ordre.

Le projet du gouvernement privait de l'indemnité les héritiers institués; mais la chambre des députés pensa qu'ils ne devaient point
être exclus, attendu que la loi du 5 décembre 1814, et celle du 27 avril 1825, qui for-

mait son complément, étaient des lois de justice et non de libéralité, et que dès lors le droit
à l'indemnité s'était trouvé dans le patrimoine
du défunt.

Il eût été plus exact, et nous croyons l'avoir
établi, de dire qu'elles, étaient des lois politiques dans lesquelles la justice est modifiée par
la raison d'état ; elles sont telles que notre état
social pouvait les supporter. Le droit strict était
impossible et la libéralité une espèce de déri-
sion.

Toutefois la loi n'a établi qu'un principe :
« C'est aux tribunaux à juger d'après les cir-
» constances, les lois n'étant faites que pour
» poser des règles générales, et non pour pré-
» voir des cas purement accidentels. » (Rapp.
de M. Pardessus.)


(3) Il faut dans, cette disposition, distinguer
entre le droit civil et le droit politique.

Pour ce dernier, point de rétroactivité, c'est
du droit politique existant au jour de la promulgation de la loi que le réclamant peut seulement tirer sa qualité. Ainsi, et sauf les exceptions introduites par l'article 23 de la loi,
l'ayant cause, français au moment du décès

de son auteur, et qui, depuis, aurait perdu cette qualité et ne l'aurait pas recouvrée, sérait frappé d'incapacité.

Il n'en est pas de même du droit civil ; à son égard la loi, étant déclarative, doit recevoir tous ses effets.

Mais cette rétroactivité du droit à l'indemnité, fictive comme la nature du droit même, donnera lieu à diverses questions.

Dans certains cas l'indemnité tombera-t-elle soit pour le fonds, soit pour les jouissances, dans les sociétés de tous biens présens, ou dans les communautés entre époux ? sera-t-elle un propre de communauté pour l'époux du chef duquel elle proviendra ? appartiendra-t-elle au légataire de l'universalité des *biens meubles*, à l'exclusion du légataire des immeubles ?

Sera-t-elle attribuée à un acquéreur de droits successifs par titre antérieur à la loi ? Dira-t-on qu'il n'est point, comme le légataire universel, *successor in universum jus, loco hæredis ;* qu'il a seulement droit à la chose à lui transportée ; que cette chose ne pouvait, à l'époque de la cession, comprendre l'indemnité ; que celle-ci remonte bien, par l'effet d'une fiction, à l'époque de la confiscation, mais que, dans le fait, elle n'étoit pas alors dans le commerce?

Établira-t-on une distinction à l'égard de l'héritier qui aurait acheté les droits successifs de son cohéritier?

Ces questions, et toutes celles à naître de la transmission des droits depuis plus de trente années, au milieu de nos diverses législations, prouvent tout le soin que l'administration doit porter dans la reconnaissance des droits des prétendans, pour apercevoir les doutes., et renvoyer devant les tribunaux.

Voyez encore l'article suivant, n°. 2.


(4) *Les renonciations*, dit la loi, *ne pourront être opposées que par ceux qui auront accepté la succession au défaut du renonçant.*

Résulté-t-il de là que, dans une succession à laquelle étaient appelés plusieurs héritiers au même degré, ou représentans de même degré, celui qui aura renoncé, soit exclu de l'indemnité par ses cohéritiers auxquels sa renonciation devait accroître?

Les héritiers n'ont pas accepté *au défaut* du renonçant. Leur part héréditaire augmentait, mais leur droit héréditaire ne changeait pas.

La disposition ne semblerait donc applicable qu'au cas où le seul héritier, ou bien tous les héritiers, ayant renoncé, des héritiers d'un degré inférieur ont accepté *à leur défaut.*

(5) Et postérieurement au 1er. janvier 1792; du moins c'est ce qui résulte du rapport de M. le comte Portalis.

(6) L'opposition de la part des créanciers ne suffirait pas pour relever leur débiteur de la déchéance : elle ne peut être prévenue que par une demande faite en temps utile; d'après l'article 1166 du code, ils peuvent former cette demande, et en suivre les effets; seulement ils auraient à justifier de leurs titres, et ne pourraient toucher le montant de la liquidation, qu'en rapportant soit un acte de consentement ou d'abandon de leur débiteur, soit un jugement qui les y autorise.

Les curateurs aux interdits ou aux successions vacantes, et les héritiers bénéficiaires auront encore à se pourvoir. Leur qualité d'administrateur leur impose cette obligation, et, en la méconnaissant, ils s'exposeraient à des dommages et intérêts, s'il y avait de leur part *lata culpa.*

A l'égard des biens-fonds qui faisaient partie du territoire que la France a perdu par le traité du 20 novembre 1815 (*voy*. Préambule, nº. 2), les propriétaires ou ayant-droits auraient à s'adresser au préfet du département le plus voisin.

### ART. VI.

*Toute demande* (1) en indemnité contiendra :

1º. Élection de domicile dans le département de la situation des biens-fonds ;

2º. Les noms et prénoms des individus sur lesquels les biens-fonds ont été confisqués ;

3º. La déclaration que le réclamant n'est pas rentré, depuis la confiscation, en la possession des mêmes biens, ou, s'il y est rentré, les indications contenues aux articles 13, 14 et 15 de la présente ordonnance.

Cette demande sera, en outre, appuyée des titres et pièces nécessaires pour établir *la qualité d'ayant-droit* (2) à l'indemnité, conformément à ce qui va être indiqué.

(1) Il est dans l'intérêt des réclamans de ne négliger aucune des formalités, ni aucune des justifications exigées.

- Il ne serait donné aucune suite à leurs demandes, si elles ne renfermaient pas les déclarations prescrites, soit par l'article 6, soit par les articles 13, 14 et 15, et ils s'exposeraient à des retards si leur production était incomplète. (Circulaire du ministre des finances du 20 juin 1825.)

Ils s'exposeraient encore à des contestations
et à des frais qui seraient la suite de leur renvoi devant les tribunaux. ( Article 46. )

Les ayant-droit pourraient sans doute agir
par le ministère de procureurs fondés.

Mais les procurations doivent être spéciales
et notamment contenir les déclarations dont
nous venons de parler.

Suivant nous, elles doivent, aussi, être authentiques, c'est-à-dire, passées devant notaires. Ces actes d'un intérêt civil, et nullement
administratif, sont dans la classe de ceux que
les notaires peuvent seuls recevoir, aux termes
de la loi du 25 ventôse an XI.

Si, par exception, l'administration, dans
la vue louable de faciliter l'exécution de la loi,
admet des pouvoirs sous seing privé, alors il
faut que la signature des parties soit légalisée
par le maire, et celle de ce fonctionnaire, par
le préfet, s'il est fait usage de la procuration
hors du département.

Nous pensons que la légalisation ne peut
être donnée par un notaire. Il n'a ni caractère,
ni capacité à cet effet. Il ne peut agir que dans
les formes qui lui sont prescrites par la loi du
25 ventôse.

(2) C'est aux réclamans à établir qu'il est dû une indemnité, et que ce sont eux qui y ont droit.

C'est à l'administration à reconnaître si l'indemnité est effectivement due, ou si elle ne l'est pas. (Article 46.)

Mais il résulte des différentes dispositions de l'ordonnance, qu'il doit être procédé préalablement à la vérification des qualités, vérification qui est d'une grande importance.

En effet, il n'est pas douteux que si l'administration se trompait sur les qualités, les véritables propriétaires (qui n'auraient point encouru la déchéance) ne fussent fondés, même après la délivrance de l'inscription, à requérir leur liquidation, sauf à l'état son recours en garantie, contre les tiers qu'il aurait indûment payés. Ces propriétaires n'auraient point à attaquer par la voie de la tierce-opposition la liquidation opérée. Elle leur serait étrangère, et l'administration n'aurait que l'action *condictio indebiti*.

Nous avons déjà signalé ce danger dans nos observations préliminaires ; il est grave, nous le répétons, par la difficulté d'apercevoir toutes les questions dans une matière aussi neuve, aussi compliquée à raison des législations successives, du nombre infini, et de la variété des espèces qui se présenteront.

Une analyse succincte des lois principales qui seront à consulter, fera encore mieux ressortir cette vérité, et pourra en même temps faciliter la reconnaissance des droits et qualités.

Selon le lieu ou l'ouverture des successions, elles seront régies par le droit écrit, ou le droit coutumier.

Mais ces droits ont été, suivant les temps, modifiés ou abrogés.

La loi du 15 avril 1791 a établi l'égalité dans les partages, et aboli le droit d'aubaine.

Celle du 7 mars 1793 a, en outre, aboli la faculté de disposer de ses biens en ligne directe, soit à cause de mort, soit par acte entre vifs.

La loi du 18 vendémiaire de l'an II a encore aboli les dispositions des coutumes de dévolution, à l'égard des enfans issus de deux mariages.

Enfin, les lois des 5, 12 brumaire, 17 nivôse de l'an II, et celle additionnelle du 9 fructidor suivant, ont déterminé l'ordre des successions, les formes de leur partage, et introduit l'arbitrage forcé.

L'effet rétroactif donné à ces lois, ainsi que leurs dispositions sur l'arbitrage forcé ont été rapportés par la loi du 3 vendémiaire de l'an IV.

Plusieurs autres de leurs dispositions ont été modifiées par la loi du 18 pluviôse de l'an V.

Tel a été l'état de la législation générale en cette partie, jusqu'à la loi du 4 germinal an VIII, sur les libéralités par acte entre vifs, ou de dernière volonté, et à laquelle a succédé le Code civil.

On aura encore à consulter, en se référant quelquefois aux lois précédentes, des législations spéciales, savoir:

Sur les substitutions, les lois des 25 août, 25 octobre et 14 novembre 1792; et particulièrement sur les majorats, le décret du 1er. mars 1808;

Sur les droits d'aînesse, les lois des 28 mars 1790 et 4 janvier 1793;

Sur les institutions contractuelles ou élections d'héritiers, la loi du 5 brumaire de l'an II;

Sur les adoptions, le Code civil et la loi du 25 germinal an XI;

Et sur les enfans naturels, les lois des 4 juin 1793, 12 brumaire an II, et 15 thermidor an IV.

Un point essentiel, et qui n'offre pas moins

de difficulté, est la fixation du jour, à dater duquel chacune de ces lois a dû recevoir son exécution.

Autrefois les lois étaient obligatoires du jour de leur enregistrement par le parlement de la province, suivant les uns ; et, suivant les autres, du jour de leur publication à l'audience tenante du bailliage ou de la sénéchaussée.

Elles devinrent obligatoires :

Du jour de leur transcription et publication par les tribunaux ou corps administratifs ; aux termes des lois des 20 octobre, 9 novembre 1789 et 5 novembre 1790 ;

Du jour de leur promulgation, c'est à-dire de leur publication à son de trompe ou de tambour, dans chaque lieu et dans les vingt-quatre heures de la réception du Bulletin officiel, dans lequel elles étaient insérées ; aux termes d'un autre décret du 14 frimaire de l'an II ;

Du jour où ce Bulletin était distribué au chef-lieu du département, jour qui devait être constaté par un registre sur lequel les administrateurs certifiaient l'arrivée de chaque numéro ; aux termes d'un décret du 12 vendémiaire de l'an IV ;

Et du jour de sa promulgation par le chef

du gouvernement, aux termes de l'acte du 13
décembre 1799 ( 22 frimaire an VIII);

Enfin l'art. 1er. du Code civil a déterminé
les formes et les délais, d'après lesquels la loi
était exécutoire dans chaque département.

A l'égard des décrets dits impériaux, *Voyez*
l'avis du conseil d'état du 12 prairial an XIII.

Différens arrêts seront encore à consulter,
suivant les circonstances; mais il est bon de
citer celui de la cour de cassation du 18 thermidor an XII, lequel a jugé, que la preuve
de la transcription et de la publication d'une
loi pouvait, à défaut des registres destinés à
constater l'accomplissement de ces formalités,
être faite tant par titres que par témoins.

### Art. VII.

7 Lorsque l'indemnité sera réclamée par l'ancien propriétaire, il devra justifier de sa qualité, en produisant :

1°. Un extrait de son acte *de naissance* (1) en due forme;

2°. Un *acte de notoriété* (2) dressé par-devant le juge
de paix, de la situation des biens confisqués, ou du
domicile du réclamant, signé par cinq témoins notables,
et constatant son identité avec le propriétaire dépossédé.

(1) L'acte de naissance est à rapporter à
l'appui de la demande de chaque réclamant,
quelle que soit sa position.

(2) L'acte de notoriété prescrit par cet article pourrait encore être requis dans les autres cas où il s'élèverait des doutes sur l'identité des réclamans.

### Art. VIII

Si la demande en indemnité est formée par les Français qui étaient appelés par la loi, ou par la volonté de
l'ancien propriétaire *à le représenter* (1) à l'époque de son
décès, les réclamans produiront, indépendamment de
l'extrait de naissance de chacun d'eux, l'extrait des registres de l'état civil constatant *le décès* (2) du propriétaire
dépossédé, et les actes servant à établir leurs droits à sa
succession

Les héritiers qui entendront se prévaloir de *la renonciation* (3) qui aura été faite à la succession de l'ancien
propriétaire par les héritiers naturels ou institués à l'é-
poque de son décès, devront en outre produire une
copie en due forme de l'acte de renonciation, et la
preuve de leur acceptation.

(1) Si l'indemnité appartient à des héritiers
encore dans l'indivision, la demande en indemnité pourra être formée par un seul d'entre
eux. Jusqu'au partage, il a *partem in toto, et
partem in quâlibet parte*, conséquemment le
droit de faire tous actes conservatoires, et de
prévenir la peine rigoureuse de la déchéance.
Le partage étant déclaratif et non attributif de

droit, il se pourrait même que, par l'événement, la totalité de la créance revînt à cet héritier.

Mais, pour obtenir sa liquidation, il devra justifier de l'abandonnement qui lui aura été fait, ou du consentement, en forme authentique, de ses cohéritiers à ce qu'il soit liquidé divisément.

Il se pourrait que plusieurs personnes prétendissent, à titre successif ou autrement, avoir chacune un droit exclusif à la même indemnité, ou encore qu'elles ne fussent point d'accord entre elles sur la répartition de cette indemnité.

Cependant il leur importe de ne pas se laisser surprendre par la déchéance, au milieu de leurs incertitudes ou de leurs débats.

Un moyen fort simple pour elles, et qui aurait l'avantage de laisser leur position entière, serait de former une demande collective, en faisant toutes les réserves nécessaires à la conservation et à l'exercice ultérieur de leurs droits respectifs.

Ce sera tout à la fois agir dans leur intérêt et dans celui de l'état, qui est que cette nouvelle dette soit, le plus tôt possible, inscrite

et classée pour assurer le crédit public, en cas
d'événemens imprévus.

(2) Le rapport des actes de naissance et de
décès est d'autant plus nécessaire que ces actes,
outre la qualité de Français (*voyez* Préamb.,
n°. 2), concourent encore à établir la filiation,
la parenté et l'identité.

Ils ne peuvent être suppléés que par des ju-
gemens, et jamais par des actes de notoriété.

(3) *Voyez* l'art. 7 de la loi, pour les exemp-
tions qu'il prononce du droit de succession.

### Art. IX.

*Les Françaises veuves ou descendantes d'émigrés, dé-* 23
*portés ou condamnés révolutionnairement* (1), que l'art. 23
de la loi admet à participer à l'indemnité, bien que ma-
riées avec des étrangers, lorsque le mariage a été contracté antérieurement au 1er. avril 1814, devront présenter, indépendamment des pièces mentionnées aux
articles ci-dessus, une copie de leur acte de mariage revêtue des *légalisations* (2) nécessaires.

(1) Ces mots supposent « nécessairement que
» les femmes qu'ils désignent ne s'étaient ma-
» riées ou remariées qu'après l'émigration, la
» déportation ou la condamnation de leur pre-

» mier mari, ou de leur père ou aïeul. » ( Rapport de M. Portalis. )

(2) La légalisation est judiciaire ou administrative.

Elle est un acte par lequel un officier public
atteste la vérité des signatures apposées à un
autre acte, ainsi que les qualités de ceux qui
l'ont fait et reçu.

Pour que le fonctionnaire auquel on remet
une pièce revêtue d'une légalisation, soit as-
suré que cette légalisation est elle-même véritable, il faut qu'elle soit donnée par un officier
dont la signature lui soit connue. Il s'en suit
que souvent une première légalisation a besoin
d'une seconde, d'une troisième légalisation, et
ainsi de suite.

Art. X.

**23** Les enfans des Françaises veuves ou descendantes
d'émigrés, déportés ou condamnés révolutionnairement,
qui sont *nés de pères ayant joui de la qualité de Français* (1), et que l'art. 23 de la loi appelle également à jouir
de l'indemnité, joindront à leur demande et aux titres
établissant leurs droits, les actes authentiques constatant
que leur père a possédé la qualité de Français, et l'acte
de mariage de leur mère.

(1) C'est surtout la naissance qui sert à reconnaître la qualité de Français.

« Les enfans nés d'un père qui a joui de la qua-
» lité de Français, sont nés, ou pendant que leur
» père était revêtu de cette qualité , ou depuis
» qu'il l'a perdue, ou avant qu'il l'eût acquise.

» Dans la première hypothèse, l'enfant est
» français et n'a besoin d'aucune exception
» particulière pour recevoir l'indemnité.

» Dans la seconde, l'enfant peut toujours
» recouvrer la qualité de Français en remplis-
» sant les formalités prescrites par le Code.

» L'exception est donc encore inutile à son
» égard.

» C'est dans le dernier cas seulement que la
» disposition peut avoir quelque effet. » ( Discours à la chambre des pairs, de M. le garde
des sceaux. ) *Voyez* Préambule , n°. 2.

Art. XI.

Lorsque la demande en indemnité sera fondée sur
les dispositions du premier *paragraphe* (1) de l'art. 3 de
la loi , *les ascendans* (2) d'émigrés qui auront acquis de
l'état, au prix de l'estimation déclarée, les portions de
leurs biens-fonds attribués à l'état par le partage de présuccession, devront, en même temps qu'ils requerront la
liquidation de leur indemnité dans la forme indiquée
aux articles 5 , 6 et 7 de la présente ordonnance , faire la
déclaration du rachat qu'ils ont effectué , et indiquer les
noms et prénoms de ceux sur lesquels la confiscation a
été opérée.

*A défaut de l'ascendant* (5) acquéreur de l'état, celui ou ceux des héritiers qui, d'après les arrangemens de famille, auront supporté la perte, devront en faire la déclaration dans la demande qu'ils adresseront au préfet, et administrer la preuve des droits et qualités auxquels ils réclament.

(1) Ce paragraphe se réfère à l'article 20 de la loi du 9 floréal an III.

(2) *Voyez* les lois et décrets des 28 mars 1793, 17 frimaire an II, 9 floréal et 11 messidor an III, et 20 floréal an IV.

« La loi du 9 floréal an III prescrivait à tout
» ascendant, dont un émigré se trouvait l'hé-
» ritier présomptif, de faire, dans un délai dé-
» terminé, la déclaration de ses biens et de son
» passif. L'estimation et la liquidation opérées,
» on réglait le partage, et la part qu'aurait eue
» l'émigré était attribuée à l'état.

» C'est ce qu'on appelait le partage de pré-
» succession. » ( Discours de M. le ministre des finances. )

« Si les ascendans, par ces partages antici-
» pés, ont été privés d'une partie de leurs
» immeubles » et ne l'ont pas racheté de l'é-
tat, « *l'indemnité leur sera due comme aux vé-*
» *ritables émigrés, suivant les bases de l'art.* 2. »
( Rapport de M. Pardessus. )

(3) Ainsi, l'indemnité sera délivrée à l'ascendant ou à ses héritiers; savoir : à tous conjointement, si par le partage de ses biens ils ont supporté la charge en commun, ou, dans le cas contraire, à celui ou à ceux d'entre eux qui l'auraient supportée personnellement.

### Art. XII.

*Les légitimaires* (1) frappés de confiscation dans les biens-fonds qu'ils avaient droit de réclamer pour leur légitime ; à défaut des légitimaires, leurs représentans, devront réunir à leur demande et aux titres établissant leurs qualités et droits, l'indication des biens-fonds sur lesquels ils avaient droit de réclamer *en nature* leur légitime, et les noms et prénoms de l'aîné ou autre héritier institué qui a acquis les biens.

(1) Cette disposition a été ajoutée par la commission de la chambre des députés.

« Souvent le testament ou l'acte d'institution
» (disait M. Pardessus) fixait la valeur de la
» légitime, et même, en quelques provinces,
» la loi locale ou la jurisprudence laissait à
» l'héritier institué la faculté de se libérer en
» argent ; mais ces coutumes, cette jurisprudence, ont été modifiées par les lois sur les
» successions, rendues en 1793 et années suivantes. Les légitimaires ont été admis, *non-*

» ¯obstant *toutes dispositions contraires*, à récla-
» mer leur légitime en biens-fonds du patri-
» moine laissé par l'auteur commun. »

La loi comme l'ordonnance, ne parlant que d'une légitime due *en biens-fonds* ou *en nature*, il y aura toujours à vérifier si le légitimaire a, effectivement, subi une confiscation immobilière.

### Art. XIII.

4 A l'égard de l'ancien propriétaire *rentré en possession* (1) des biens confisqués sur lui, après les avoir acquis de l'état, soit directement, soit par ascendant, descendant, femme ou toute autre *personne interposée* (2), ou de l'héritier de l'ancien propriétaire qui a racheté directement de l'état les biens confisqués sur son auteur, la demande qu'ils adresseront au préfet, conformément aux articles 5, 6 et 7 de la présente ordonnance, devra en outre contenir la déclaration du rachat qu'ils ont effectué, et la désignation des noms et prénoms de la personne interposée.

(1) La commission avait supprimé les mots *rentré en possession;* la chambre des députés les a rétablis, d'après ce motif que si une personne réputée interposée avait acquis pour elle-même et non pour l'émigré, ce serait alors celui-ci qui aurait droit à l'indemnité.

Un député avait proposé d'exclure les auciens propriétaires rentrés en possession de leurs biens, par voie de donation.

Mais l'amendement fut rejeté sur cette observation de M. le ministre de l'intérieur, qu'il était arrivé souvent qu'un ami qui avait acheté un bien d'émigré, le transmettait ensuite à l'ancien propriétaire, à titre de donation, quoiqu'il l'eût acheté des deniers de celui-ci.

Il en résulterait qu'un émigré, à qui l'acquéreur aura restitué son bien, sans exiger aucun dédommagement, ne sera point, *par ce seul fait*, privé de l'indemnité.

Il nous semble que, dans des cas semblables, celui qui se présenterait comme donataire pur et simple, serait tenu de déclarer s'il y a eu interposition de personnes, et quelle aurait été la valeur par lui fournie. Ce serait rentrer dans l'esprit de la disposition de l'art. 14 de l'ordonnance.

(2) Pour les ascendans, descendans ou femmes, l'interposition est reconnue de droit, elle dérive de la présomption légale, *juris et de jure*, et il suffit à l'administration de reconnaître la qualité pour appliquer la disposition de la loi.

Mais cette disposition n'est point limitative;

et quant aux autres personnes, dont l'interposition serait présumée, les tribunaux auraient à statuer d'après les règles ordinaires du droit.

Ainsi, l'article 911 du Code civil, réputant : *personne interposée* (en matière de donation, il est vrai), *l'époux* d'un incapable, et la loi du 27 avril n'ayant pas employé cette expression générique d'époux, on en conclura que si le bien confisqué et vendu sur une femme, en puissance de mari, avait été racheté par celui-ci, ce serait encore une question à porter devant les tribunaux.

Il est à remarquer que la présomption *légale* serait sans application à la femme divorcée, car elle n'était plus la femme de l'émigré.

### Art. XIV.

4 Lorsque par *rachat fait à des tiers* (1), l'ancien propriétaire sera rentré en possession de biens confisqués sur sa tête, soit par lui directement, soit par ascendant, descendant, femme ou toute autre *personne interposée* (2), ou lorsque l'héritier de l'ancien propriétaire sera rentré en possession des biens confisqués sur son auteur, par acquisition *directe faite à l'état* (3); la demande adressée au préfet en conformité des articles 5, 6 et 7, en contiendra la déclaration; et p ur que l'indemnité soit appréciée et réglée *à une somme égale aux valeurs réelles* (4) payées au tiers-vendeur, sans qu'elle puisse

tou'efuis excéder l'allocation résultante de l'article 2 de la loi, le réclamant, indépendamment des titres servant à justifier de ses droits et qualités, devra produire :

1°. Dans le cas où l'ancien propriétaire lui-même ou son héritier aurait racheté directement à des tiers, une copie du contrat d'acquisition ayant date certaine ;

2°. Si le rachat a été fait par personne interposée, ou par ascendant, descendant, ou femme de l'ancien propriétaire, l'acte d'acquisition par la personne interposée et l'acte de rétrocession, l'un et l'autre en forme authentique ou ayant date certaine.

(1) Pour l'application de cette disposition, deux conditions sont exigées, le rachat et la rentrée en possession. Ces deux conditions ne se trouvant pas dans les cas de patrimonialisation, aucune déclaration ne peut être exigée, aucune déduction ne peut être imposée.

Il est donc libre à chacun de faire, à cet égard, ce qu'il jugera convenable.

Nous indiquerons, sur l'article 55, § 3, les différens modes de patrimonialisation qui ont été pratiqués.

(2) *Voyez* art. 13, n°. 2.

(3) Les présomptions « qui s'élèvent contre » les anciens propriétaires, touchant leur ren-
» trée en possession, ne sont point applicables

» au cas où leurs héritiers auraient acquis les
» biens sur eux vendus. Il n'y a que l'acquisi-
» tion *directe* qui puisse leur être opposée.
» C'est dans ce cas seulement que leur indem-
» nité doit être réduite à la valeur de ce qu'ils
» auront remboursé.»(Rapport de M. Pardessus).

Ainsi, à leur égard, la loi n'établit point d'interposition légale de personne.

(4) L'art. 4 de la loi dit : *qu'à défaut* de justification, les anciens propriétaires *recevront une somme égale aux valeurs réelles formant le prix payé à l'état.*

Il pourrait arriver que ce prix excédât celui payé aux tiers-détenteurs, par l'émigré, et que, celui-ci ayant intérêt à dissimuler ce fait, la loi fût ainsi éludée.

Cette observation suffira pour fixer l'attention de l'administration toutes les fois que les justifications requises ne seront pas rapportées, ou que les circonstances éveilleront ses doutes.

### Art. XV.

Les réclamans qui ne pourraient administrer la preuve des sommes qu'ils ont payées à des tiers, pour le rachat des biens dans la possession desquels ils sont rentrés, devront, dans la demande en indemnité qu'ils adresseront au préfet, faire la déclaration de *l'impossibilité* (1) où ils se trouvent de fournir les pièces justificatives nécessaires.

(1) D'après ce que nous avons dit sur l'art. précédent ( n°. 4 ), les préfets devraient, suivant nous, ne pas se contenter d'une simple déclaration affirmative de l'impossibilité, mais exiger encore que les circonstances de cette impossibilité fussent expliquées, et même justifiées dans certains cas.

# TITRE III.

De l'enregistrement des demandes en indemnité déposées à la préfecture, et des délais fixés pour leur admission.

## Art. XVI.

Toute demande en indemnité parvenue à la préfecture 20 sera aussitôt portée sur le registre spécial qui doit y être ouvert en exécution de l'art. 20 de la loi. Ce registre, conforme au modèle ci-annexé, sera coté et paraphé *par première et dernière* (1) par le préfet. Les réclamations y seront inscrites à la date et dans l'ordre de leur arrivée ; chaque demande sera revêtue d'un visa signé par le secrétaire général, avec indication du numéro et de la date de l'enregistrement.

Le même registre servira également à constater successivement et d'une manière sommaire la suite donnée à chaque affaire *jusqu'à sa conclusion* (2).

Des extraits regulièrement certifiés de ce registre ou de  -

l'enregistrement des demandes , *seront délivrés* (3) *à toutes personnes* (4) qui auront intérêt à les réclamer.

(1) Ce registre doit être dans la forme authentique. Ainsi les réclamations sont à inscrire de suite, sans aucun blanc, abréviation, ni date en chiffres. Les ratures et les renvois sont à approuver par le secrétaire général.

Il nous semble, en outre, que ce fonctionnaire devrait signer l'inscription de chaque demande, puisque le visa qu'il délivre est un extrait du registre ; et qu'il serait utile que celui-ci fût suivi d'une table.

Ce que nous dirons des déchéances sur l'article suivant justifiera la nécessité de chacune de ces formalités.

(2) *Ainsi que le résultat de chacune des liquidations, lorsqu'elle aura été terminée.* (Art. 20 de la loi. )

Dès lors le ministre des finances aurait à faire connaître aux préfets , non-seulement les décisions de la commission, comme le porte l'art. 49 de l'ordonnance, mais encore les arrêts du conseil, s'il y avait pourvoi ; car, dans ce cas , c'est l'arrêt qui termine la liquidation.

(3) La loi, en prononçant (art. 19) une déchéance, devait fournir le moyen de justifier
qu'elle n'avait point été encourue.

Retirer l'extrait autorisé est une précaution
sage pour tous, et principalement pour les
mandataires.


(4) Ces personnes sont les réclamans, leurs
fondés de procuration spéciale, ou leurs créanciers; seulement ces derniers auraient à justifier de leur titre, ou de l'opposition qu'ils auraient formée. (Art. 56, nº. 5.)


ART. XVII.


Aux termes de l'art. 19 de la loi, les réclamations **19**
tendantes à obtenir l'indemnité devront être formées,
*à peine de déchéance* (1), *dans le délai* (2) d'un an pour *les
habitans* (3) du royaume, de dix-huit mois pour ceux qui
se trouvent dans les autres états de l'Europe, et de deux
ans pour ceux qui se trouvent hors d'Europe.

En conséquence, à la *fin du jour* (4) de l'expiration
d'une année, à partir de la promulgation de la loi dans
le département, le préfet sera tenu de clore et d'*arrêter
le registre* (5) des réclamations par un procès verbal constatant l'heure de la clôture, et dont il adressera une
ampliation à notre ministre secrétaire d'état des finances
dans les vingt-quatre heures.

(1) Ces délais sont de rigueur. Le gouvernement ne peut relever des déchéances,

1°. Lorsque c'est la loi qui les prononce;

2°. Lorsqu'il en résulte un droit acquis soit au trésor, comme dans l'arriéré, soit à des tiers, comme dans l'espèce où elles doivent accroître le fonds commun, et profiter aux anciens propriétaires lésés dans l'application de l'indemnité.

*Voyez* art. 55, § 1er.

(2) Bien qu'il soit dit (art. 19 de la loi) que les délais courent *du jour* de la promulgation, nous pensons qu'il n'a point été dérogé à l'article 1er. du Code civil, d'après lequel les lois deviennent seulement exécutoires du jour où elles sont réputées connues, c'est-à-dire le lendemain de leur promulgation.

(3) Le Code de procédure, en déterminant les délais des ajournemens, se sert des expressions de *domiciliés* en France, de *demeurans* hors de la France.

La loi du 27 avril en a employé de différentes. De là pourront naître plusieurs questions. Notre opinion serait qu'à défaut de dérogation formelle au droit commun, le délai d'une année n'est applicable qu'aux Français ayant leur domicile en France.

(4) La loi n'est obligatoire que le lendemain de sa promulgation; et dans le délai n'est pas compris le jour ( *dies à quo*), c'est-à-dire, le jour *duquel* court ce délai.

Ainsi dans la computation de l'année n'entreront ni le jour de la promulgation de la loi, ni le jour qui l'aura suivi; et comme le dernier jour ( *dies ad quem*, celui *jusqu'où* il est donné d'agir) doit être complet, le registre ne pourra être clos régulièrement que ce même jour à minuit.

(5) La forme de la clôture de ce registre est une suite de son authenticité (*voy.* art. 16, n°. 1). Le procès verbal doit constater le nombre des réclamations inscrites, les émargemens, erreurs ou défectuosités qui pourraient se trouver; peut-être serait-il préférable qu'il fût dressé en conseil de préfecture.

Il y a trois délais; il faudra donc trois procès verbaux, et par le dernier, qui est la clôture absolue et finale, le registre sera arrêté *ne varietur*. Les formes de ce registre et de ces procès verbaux ne peuvent être, nous le répétons, ni trop publiques, ni trop solennelles. Les préfets ont un grand intérêt moral à ce que les inscriptions ne soient point attaquables pour vice de forme, et à ce qu'ils ne puissent être soupçonnés de négligence à cet égard. L'intérêt personnel des réclamans, dans ces sortes de cas, est rarement juste, parce qu'il est presque toujours passionné.

Si les préfets ne trouvaient pas suffisamment établie la preuve qui doit être rapportée d'après l'article ci-après; et s'ils entrevoyaient que la déchéance eût été encourue, ils auraient, suivant nous, à donner leur avis sur cette question préjudicielle, en même temps que sur le fond de l'affaire, dont l'instruction ne devrait point être suspendue.

### Art XVIII.

19  Ne seront plus admises à l'enregistrement,

1°. Les demandes en indemnité présentées après le délai d'un an jusqu'à celui de dix-huit mois, si elles ne sont accompagnées de la *preuve authentique* (1) que le réclamant se trouvait dans les autres états de l'Europe au moment de la promulgation de la loi;

2°. Les demandes qui sont présentées après dix-huit mois, jusqu'au terme de deux ans, à moins qu'elles ne soient accompagnées de la preuve authentique constatant qu'au moment de la promulgation de la loi le réclamant se trouvait hors d'Europe.

(1) Cette preuve résultera généralement d'actes qui auraient été passés par le Français dans le lieu où il se trouvait, ou de certificats qui lui seraient délivrés par les autorités locales.

Les uns et les autres devront toujours être légalisés.

Ces actes seront authentiques lorsqu'ils auront été reçus par un officier public ayant caractère à cet effet.

### Art. XIX.

Aussitôt après la réception et l'enregistrement des demandes, le préfet les transmettra au directeur des domaines du département chargé de *préparer les élémens* (1) de la liquidation, et de dresser en conséquence le bordereau de l'indemnité.

(1) *Voy.* art. 1<sup>er</sup>.

## TITRE IV.

De la réunion des élémens de liquidation, et de la formation des bordereaux d'indemnité par les directeurs des domaines.

### Art. XX.

A la réception des demandes à lui transmises par le préfet, le directeur des domaines procédera à la formation du bordereau d'indemnité *dans l'ordre des inscriptions* (1) sur le registre de la préfecture, et conformément à ce qui va être ci-après indiqué.

(1) L'objet de cette disposition est d'assurer à chacun le rang qu'il se sera donné lui-même, et de prévenir toute espèce de préférences. On a lieu de remarquer que l'ordonnance veille toujours à ce que chaque affaire soit suivie dans l'ordre qui lui appartient d'après la demande originaire.

### Art. XXI.

2   Si les biens-fonds ont été vendus en exécution *des lois* (1) qui ordonnaient la recherche et l'indication préalable du revenu de 1790 ou du revenu valeur de 1790, le bordereau contiendra l'énonciation du procès verbal d'expertise ou d'adjudication, en ce qui concerne la date des lois ou décrets en vertu desquels l'aliénation a été faite, celle des actes d'aliénation, les noms et prénoms des propriétaires dépossédés, la désignation des biens, l'évaluation de leur revenu, les causes de leur confiscation et la fixation de l'indemnité à un capital égal à *dix-huit fois le revenu* (2), tel qu'il a été *constaté par les procès verbaux* (3) d'expertise ou d'adjudication.

(1) *Voyez* l'article suivant, n°. 1.

(2) Ce capital avait été porté dans le projet de loi à vingt fois le revenu : il a été réduit pour augmenter le fonds commun destiné à réparer les inégalités individuelles résultant de

l'application des dispositions générales de la loi. (*Voy.* art. 55.)

(3) La quotité de l'indemnité est invariablement fixée par ces procès verbaux. L'administration ne pourrait adopter d'autres bases, quelles que fussent les erreurs commises dans l'évaluation du revenu.

Ces erreurs pourraient seulement donner lieu à une réparation pour cause de lésion. (*Voy.* les art. 34, 36 et 55.)

### Art. XXII.

Si la vente a été faite en vertu des lois antérieures au 12 *prairial an III* (1), qui ne prescrivaient qu'une simple estimation préalable, le bordereau contiendra l'énonciation du procès verbal d'adjudication en ce qui a rapport aux noms et prénoms du propriétaire dépossédé, à la date des lois en exécution desquelles les ventes ont été faites, à celle des actes de vente, à la désignation des biens aliénés, aux causes de la confiscation, à la date et au montant de la vente, et le règlement de l'indemnité en capital à une somme égale au prix de la vente réduit en numéraire, au jour de l'adjudication, d'après le tableau de dépréciation des assignats, dressé dans le département où étaient situées les propriétés vendues.

(1) Différentes lois antérieures à celles du 12 prairial an III, notamment celles des 17 mai, 25 juillet et 15 août 1790, avaient ordonné la

recherche et l'indication préalable du revenu de 1790.

Mais on ne doit point y avoir égard. Lors de la discussion dans les chambres, il a été reconnu qu'il n'existait que deux classes, l'une des ventes faites en exécution de la loi du 12 prairial de l'an III, et l'autre, des ventes faites en exécution des lois antérieures : pour celle-ci la base de l'indemnité est le prix réduit de l'adjudication, tandis que pour l'autre elle se tire du revenu constaté.

C'est pour fixer celle de ces classes à laquelle appartient l'aliénation que le bordereau doit énoncer, et la date de cette aliénation, et les lois en vertu desquelles elle a eu lieu.

Il est à remarquer, 1°. que les art. 11 et 12 de la loi du 12 prairial énonçaient, par exception, que certains biens y désignés continueraient d'être mis à l'enchère suivant les lois antérieures ;

2°. Que cette loi n'a été que la répétition de celle du 10 du même mois, et que dès lors, si des ventes avaient été faites sous l'empire de celle-ci, on aurait à leur appliquer l'indemnité calculée d'après le revenu de 1790.

La loi du 22 germinal an III avait ordonné

la vente, par voie de loterie, des maisons et bâtimens confisqués.

Alors on s'occupait peu des évaluations, souvent même on n'en conservait pas les procès verbaux, parce qu'il suffisait de remettre au porteur du lot gagnant un procès verbal de description, et de délivrance de l'immeuble.

En toute position semblable où il n'existera ni estimation, ni prix d'adjudication, quel sera le droit du réclamant ?

Ne sera-t-il pas fondé à soutenir qu'il ne connaît plus qu'une base qui lui soit applicable, celle du revenu de 1790, justifié soit par les contributions, soit par les baux.

Nous indiquerons ( art. 29 ), comment les actes administratifs qui auraient disparu peuvent être remplacés; et ( art. 55, § 3 ) comment le revenu peut être justifié par des baux ou autrement.

Mais notre but est de présenter des moyens d'approximation, et non des règles positives , pour remplir ainsi le vœu des indications de la loi , lors même qu'elles sont insuffisantes.

Le défaut de bases légales ne doit pas empêcher l'administration de marcher : *décidant* plutôt qu'elle ne *juge,* elle n'est point enchaînée comme les tribunaux.

Le préfet, les conseils de préfectures, la commission, le roi en son conseil d'état, deviennent des juges d'équité : ce n'est pas seulement d'après les rôles de contribution, ni d'après les baux, c'est d'après tous les documens de l'affaire qu'ils suppléeront aux bases légales, et qu'ils s'en rapprocheront le plus possible.

3

### Art. XXIII.

A l'égard des portions de biens attribuées à l'état par le partage *de présuccession* (1), qui ont été rachetées par l'ascendant d'un émigré, ou des portions de biens-fonds que des légitimaires frappés de confiscation avaient droit de réclamer et dont le prix a été payé à l'état par un aîné ou autre héritier institué, le bordereau dressé par le directeur des domaines portera :

1°. Les énonciations de l'acte de liquidation et partage du patrimoine déclaré en exécution de la loi du 28 avril 1795 (7 floréal an III), en ce qui a rapport aux noms et prénoms de l'acquéreur et du propriétaire dépossédé, à la désignation des biens, aux causes de la confiscation, à la date et au montant de la vente;

2°. Le relevé fait sur les registres des domaines constatant la nature des valeurs données en paiement, la date et le montant de chacun des versemens en principal et intérêts ;

3°. Le règlement de l'indemnité à la valeur des sommes qui auront été payées à l'état, suivant l'application à chacune des sommes versées et à la date du versement, de l'échelle de dépréciation des départemens pour les assignats ou les mandats, et le *tableau du cours* (2) pour les autres valeurs reçues en paiement.

(1) *Voyez* ce qui a été dit sur les articles 11 et 12 qui se rapportent au présent article.

(2) Il n'a point échappé à M. le ministre des finances, que la formation d'un cours moyen amènerait une multitude de réclamations de la part des ayant-droit qui prétendraient ou prouveraient avoir reçu ou acquis les effets à un cours supérieur. En conséquence, S. Exc. a prescrit de réduire la valeur des effets, d'après le cours le plus élevé au jour du versement dans les caisses de l'état. ( Circ. du 20 juin.)

Cette mesure, de laquelle il ne pouvait résulter un grand préjudice pour la masse des indemnités, est une juste application du principe de la loi.

### Art. XXIV.

Quant aux biens-fonds qui sont *rentrés en la possession* (1) de l'ancien propriétaire, après avoir été rachetés de l'état soit par l'ancien propriétaire directement, soit par ascendans, descendans, femme ou autre *personne interposée* (2), le bordereau devra comprendre l'énoncia-

tion de l'acte de vente relativement à la date de l'aliénation, aux noms, prénoms de l'acquéreur et du propriétaire dépossédé, aux rapports de parenté ou d'alliance
existans entre eux, à la désignation et au prix de vente
des biens, aux causes de la confiscation, à la nature des
valeurs données en paiement, à la date et au montant de
chacun des versemens en principal et intérêt, et la fixation de l'indemnité à la *valeur réelle* (3) payée à l'état.

(1) *Voy.* art. 13, n°. 1.

(2) *Voy.* art. 13, n°. 2.

(3) On ne fera pas l'application de l'échelle
de dépréciation au jour de l'adjudication, mais
seulement au jour des divers paiemens effectués
dans les caisses de l'état par l'ancien propriétaire ou ses héritiers. « Ce n'est pas lemontant
» de cette adjudication qu'il a versé, mais bien
» la valeur réelle des sommes qu'il a payées. »
(Discours de M. Martignac.)

### Art. XXV.

Si la demande en indemnité est présentée *par des héritiers* (1) de l'ancien proprietaire rentrés dans la possession des biens confisqués sur lui, après les avoir acquis
de l'état directement, l'indemnité sera réduite *à la valeur des sommes payées* (2) à l'état, et le bordereau renfer-

mera en conséquence les mêmes énonciations que· celles
dont il a été fait mention à l'article précédent.

(1) Ou bien par des légataires, et autres
ayant-droit. (*Voy*. art. 3o.)

(2) Ces mots ne peuvent s'entendre que des
valeurs réelles, et toujours sauf réduction,
pour les paiemens en papier-monnaie ou effets
publics.

### Art. XXVI.

Lorsque les anciens propriétaires seront rentrés en
possession des biens confisqués sur leurs têtes après les
avoir *rachetés à des tiers* (1) directement ou par ascendans, descendans, femme et autre personne interposée, ou lorsque l'héritier de l'ancien propriétaire sera
rentré en possession des biens confisqués sur lui et par
acquisition directe faite à des tiers, le bordereau comprendra :

1°. Le montant de l'indemnité d'après les valeurs
payées et les justifications fournies par le réclamant,
conformément à l'article 14 de la présente ordonnance ;

2°. Le montant de l'indemnité résultant de l'application des bases générales de la loi, et des dispositions
contenues à l'article 21 ou à l'article 22 de la présente
ordonnance, suivant l'époque à laquelle la vente desdits
biens a eu lieu ;

3°. Et, en définitive, le règlement de l'indemnité à

la moindre des deux sommes provenant de la double liquidation ci-dessus prescrite.

À *défaut de justification* (2) , la fixation de l'indemnité
sera égale aux *valeurs réelles* (3) formant le prix payé
à l'état, et en conséquence , le bordereau dressé par
le dircteur des domaines, devra contenir les diverses
indications contenues à l'article 23 ci-dessus.

(1) Nous indiquerons ( art. 55, § 3 ), en
les considérant sous le seul rapport de la patrimonialisation, les différentes espèces d'actes qui ont pu être passés entre les anciens et
les nouveaux propriétaires.

Cependant, il est de ces actes qui pourraient
avoir un autre caractère : par exemple, lors-.
qu'il a été reconnu que l'adjudication primitive avait été faitè pour le compte de l'ancien
propriétaire, et lorsque d'un autre côté celui-
ci a fait l'abandon de cette adjudication au
nouveau propriétaire, moyennant une somme
d'argent, ne peut-on pas dire qu'il y a lieu de
lui faire l'application de la loi, puisqu'un tiers
a possédé pour lui?

Mais, la loi n'ayant point imposé d'obligation a cet égard (*voy.* art. 14, n° 1. ) aucune
règle ne peut être prescrite ; d'ailleurs, la plupart de ces transactions étaient secrètes et con-

fidentielles, et peut être y aurait-il quelques inconvéniens à les fairé entrer dans les opérations régulières de la liquidation.

(2) *Voy*. art. 14, n°. 4.

(3) *Voy*. art. 24, n°. 3.

Art. XXVII.

A l'égard des biens *qui ont été donnés aux hospices* (1) **16** ou autres établissemens de bienfaisance, *soit en remplacement* (2) de leurs propriétés aliénées, soit en paiement des sommes à eux dues par l'état, ainsi que des biens qui n'ont été que *provisoiremept affectés* (3) à des établissemens de bienfaisance, le directeur énoncera dans le bordereau la date de la confiscation, les noms et prénoms du propriétaire dépossédé, la date des lois et décrets en exécution desquels ont été faites les concessions, celle des actes de concession, le nom de l'établissement concessionnaire, la désignation des biens, *le prix de l'estimation* (4) tel qu'il a été porté dans l'acte de concession, et la fixation de l'indemnité au montant de l'estimation en numéraire faite avant la cession.

(1) La loi du 23 messidor de l'an II avait étendu aux hospices la spoliation révolutionnaire.

Celle du 16 vendémiaire an V leur rendit ceux de leurs biens non aliénés, ordonna qu'en remplacement des autres il leur serait donné des domaines nationaux du même produit, fixa le mode de ce remplacement, et déclara qu'il ne serait définitif qu'en vertu de *lois expresses*. Ces lois ont été rendues les 8 ventôse an XII, 7, 9, 17 septembre 1807.

(2) L'art. 8 de la loi du 5 décembre 1814 exceptait de la remise qu'elle ordonnait les concessions définitives, et renfermait néanmoins cette disposition : « Dans le cas où les » biens donnés soit en remplacement, soit en » paiement, *excéderaient la valeur des biens* » *aliénés*, et le montant des sommes dues à » ces établissemens, *l'excédant sera remis à* » *qui de droit.* »

Aux termes d'une ordonnance réglémentaire du 11 juin 1816, qui a reçu jusqu'ici son application, « cet *excédant* doit être restitué aux » émigrés, dont tout ou partie de ces biens » sera provenu *dans quelque forme* que la » concession ait été faite. »

Il nous semble que les émigrés ne pourraient aujourd'hui être privés du bénéfice de ces dispositions par la loi du 27 avril : rendue dans leur intérêt, elle confirme et ne modifie point la loi du 5 décembre.

(3) Existe-t-il encore des biens qui soient dans ce cas? nous en doutons.

Différens décrets avaient prorogé le délai des jouissances concédées aux hospices, à titre provisoire.

Mais, d'après ceux des 14 nivôse an XI, 28 ventôse an XII, et depuis la loi du 7 septembre 1807, le domaine a dû reprendre possession des biens compris dans ces concessions.

*Voy*. art. 57.

(4) Le mode de ces estimations a été réglé par l'art. 8 de la loi du 16 vendémiaire an V; et différentes instructions ministérielles en ont recommandé l'exécution. On peut encore, à ce sujet, consulter un décret réglémentaire du 28 ventôse an XII.

### Art. XXVIII.

En ce qui concerne les biens définitivement et *gratui- tement concédés* (1) par l'état soit à des établissemens publics, autres que des hospices et établissemens de bien- faisance, soit à des particuliers, le bordereau contiendra les énonciations portées à l'article précédent, s'il a été procédé à l'estimation avant la cession.

*A défaut d'estimation* (2) antérieure à la cession, le di- recteur provoquera, auprès du préfet, l'expertise d'après laquelle sera établie la valeur desdits biens à l'époque de

1790 ou valeur de 1790. Les experts seront au nombre de trois. Ils seront nommés par les ayant-droit à l'indemnité et par le préfet. Si le préfet et les parties ne peuvent s'entendre sur la nomination des trois experts, il y sera pourvu, conformément au Code de procédure civile, par le tribunal de la situation des biens. Expédition du procès verbal d'expertise sera remise au directeur des domaines. Le résultat en sera consigné au bordereau établi dans la forme indiquée à l'article précédent, et contenant le règlement de l'indemnité à un capital égal au montant de l'estimation d'après l'expertise contradictoire.

(1) La raison d'état avait exigé que la loi du 5 décembre 1814 confirmât ces sortes de concessions, quelle que fût l'irrégularité des décrets et actes du gouvernement qui les avaient autorisées; et la jurisprudence du conseil d'état n'a jamais varié sur ce point.

Il avait été proposé, à la chambre des députés, de les annuler, mais l'amendement a été rejeté.

(2) Ce cas sera le plus fréquent. Il était rare que ces concessions qui, pour la plupart, consistaient en des édifices et bâtimens, fussent précédés d'évaluation.

### Art. XXIX.

Lorsque les archives du département auront été détruites, cette circonstance devra être constatée par le préfet, et il sera suppléé aux procès verbaux d'expertise ou d'adjudication et autres actes administratifs , par les sommiers des receveurs des domaines (1).

(1) Une loi du 7 thermidor de l'an III, avait réglé que les procès verbaux d'adjudication perdus, distraits ou détruits par l'effet de divers événemens, seraient remplacés par des extraits collationnés des doubles ou copies qui auraient été déposés au bureau de l'administration des domaines, et feraient foi, en justifiant par acte de notoriété ou certificats des administrateurs, de la cause de la disparution du titre.

A défaut de procès verbaux d'adjudication les réclamans étaient appelés à produire,

1°. Des extraits des états des ventes faites par les corps administratifs, dans lesquels la nature des biens vendus, la date des adjudications, et le prix de la vente étaient indiqués ;

2°. Les quittances de leur paiement, ou copie d'icelles visées par le district ;

3°. Les affiches contenant la désignation des biens vendus.

Si les adjudicataires se trouvaient dans l'impossibilité de produire ces pièces, le directoire du district procédait, sur le fait de la vente, ou sur celui du paiement, à une enquête, laquelle était soumise, par la commission des revenus nationaux, au comité des finances, section des domaines, et ce comité était autorisé à statuer définitivement et à suppléer, par des arrêtés motivés, aux procès verbaux et quittances.

De nombreux procès sur les biens vendus, sur les décomptes, etc., feront encore retrouver soit des expéditions de procès verbaux, soit des pièces dans lesquelles leurs résultats seront authentiquement consignés.

**Art. XXX.**

Le bordereau présentera le décompte de la totalité de l'indemnité due à l'ancien propriétaire, pour raison des biens confisqués sur sa tête et vendus révolutionnairement dans le même département.

Si, à défaut de l'ancien propriétaire, la demande en liquidation a été faite par un *héritier ou autre ayant-droit* (1), le nom de l'héritier ou de l'ayant-droit sera en outre porté dans le bordereau avec la désignation de la qualité en laquelle il agit, de la part qu'il réclame dans la liquidation de l'indemnité de l'ancien propriétaire, et le règlement de l'indemnité, réduit conformément aux dispositions de la loi, dans le cas où il se trouverait dans la situation prévue aux articles 25 et 26 de la présente ordonnance.

(1) Il y aurait encore lieu à d'autres énoncia-

tions, si la demande était formée par des cu,
rateurs, ou des créanciers exerçant les droits
de leur débiteur. (*Voy.* art. 5, n°. 5.)

Nous croyons devoir ajouter quelques déve-
loppemens à ce que nous avons déjà dit (art.8,
n°. 1), des effets de l'indivision.

Des liquidateurs seraient peut-être disposés,
sur la production des pièces constatant que tel
individu a droit pour une certaine quotité ($\frac{1}{7}$ $\frac{1}{4}$)
dans une succession, à lui attribuer l'indem-
nité dans cette proportion. Cependant il se
pourrait que, par l'événement du partage, cet
héritier n'eût qu'une portion plus faible : il se
pourrait même qu'il fût exclu de toute partici-
pation à l'indemnité, par suite, soit des rapports dont il serait tenu, soit des reprises des
autres ayant-droit, soit du mode d'abandonnement.

En effet, un droit héréditaire reconnu dans
une sucession n'attribue la propriété d'aucune
portion dans chacun des objets composant
cette succession. La propriété reste indécise
jusqu'au partage, lequel est déclaratif et non
attributif. Lui seul peut donc mettre le débiteur en mesure de se libérer valablement vis-à-
vis des héritiers qui se présentent isolément ;
et, à son défaut, la liquidation ne pourrait

avoir lieu qu'au nom de la succession, comme le paiement ne pourrait être fait qu'à la masse collective de ceux qui la représentent.

Nous insistons sur ces principes parce que nous avons eu occasion de remarquer que des hommes fort instruits n'en étaient pas suffisamment pénétrés; et que, soit dans les paiemens de créances sur particulier, soit dans les liquidations de rentes sur l'état, on est assez porté à attribuer à chaque héritier sa portion virile indépendamment du partage. Le débiteur est alors exposé à payer deux fois, et l'officier qui délivre les certificats de propriété est aussi dans le cas d'être recherché par les ayant droit qui justifieraient que la répartition égale opérée en leur absence les a lésés.

C'est donc dans l'intérêt du gouvernement et pour le garantir de pareils recours qu'il importait d'appeler l'attention de ses agens sur un danger qui serait d'autant plus grand, que plus des quatre cinquièmes des liquidations s'effectueront au profit des représentans des propriétaires dépouillés révolutionnairement.

### Art. XXXI.

Mention sera faite sur le bordereau de l'indemnité de la somme due par l'ancien propriétaire *ou par le récla-*

*mant* (1), suivant les états de passif qui seront transmis par le directeur général des domaines, conformément aux dispositions de l'article 3 de la présente ordonnance. Si, d'après ces mêmes états, aucune dette n'est à imputer sur l'indemnité, mention en sera faite et certifiée au bordereau par le directeur des domaines.

(1) Le réclamant pourrait, en effet, être lui-même débiteur, à titre successif ou autrement. (*Voy*. art. 2, n°. 1.)

### Art. XXXII.

Si la communication des pièces qui auront servi à la formation du bordereau d'indemnité, ou de titres de créances qui sont mentionnés, est demandée par les parties, elle leur sera donnée sans déplacement, *sur une demande adressée* (1) aux fonctionnaires et agens entre les mains desquels ces pièces ou titres se trouvent déposés.

(1) Il serait utile de constater, au dossier, cette communication qui est indépendante de celle du bordereau prescrite par l'art. 34.

### Art XXXIII.

Le directeur des domaines adressera au préfet les bordereaux d'indemnité en double expédition et toutes les pièces à l'appui, avec telles observations qu'il jugera utiles, soit sur les droits et qualités des réclamans, soit sur les justifications par eux produites, soit sur les bases adoptées pour la liquidation et la formation des bordereaux d'indemnité, et enfin sur tout ce qui peut être sujet *à discussion ou à contestation* (1).

(1) Ce n'est pas sans motif que l'ordonnance provoque de la part des directeurs des domaines cette espèce de première instruction à laquelle leur position leur permet de se livrer. Ils sentiront sans doute que les documens par eux fournis et leurs observations, auront une utile influence sur la solution et la prompte expédition des affaires.

# TITRE V.

De la communication des bordereaux d'indemnité aux réclamans; de la vérification des titres par le conseil de préfecture, et de ses avis.

## Art. XXXIV.

Après le renvoi qui lui aura été fait du bordereau d'indemnité, *le préfet en donnera copie* (1) aux réclamans. au domicile qu'ils auront élu dans le département, *ainsi que de l'état des dettes mentionnées* (2) au bordereau, afin qu'ils aient à lui présenter leurs mémoires et observations.

*Ces mémoires* (3) devront être accompagnés d'observations distinctes et séparées, ayant pour objet la lésion qui pourrait résulter, pour les réclamans, de l'application des dispositions générales de la loi, et qui porterait l'allocation à une somme moindre que dix-huit fois le revenu réel de 1790.

(1) **La loi prescrivait seulement ( art. 8 ) la communication du bordereau. L'ordonnance en détermine le mode.**

Les communications et avis à donner par les préfets doivent avoir lieu dans la forme purement administrative, comme il se pratique dans les affaires qui intéressent l'état. Il serait à désirer que les préfets suivissent le mode adopté par le ministère de la guerre, c'est-à-dire qu'ils envoyassent les copies de leurs avis par lettres chargées, ou que les significations en fussent faites par les maires qui en retirent récépissé.

Ce dernier mode nous semble préférable.

Alors les mises en demeure sont constatées par les récépissés joints au dossier, et c'est un moyen d'éviter les suppositions qui pourraient avoir lieu, surtout dans les cas d'élection de domicile.

(2) **Aux termes des art. 8, 10 et 12 de la loi, le bordereau était la seule pièce qui fût** immédiatement communiquée aux réclamans; les bordereaux et états de déduction devaient être transmis par le ministre des finances à la commission, laquelle ordonnait leur communication aux parties, et seulement après avoir

reconnu si elles justifiaient suffisamment de leurs qualités et droits.

L'ordonnance ( art. 34, 35 et 38 ) a évité les circuits, et l'inconvénient majeur pour les parties d'être engagées dans des contestations sur l'établissement de leurs droits et qualités, et d'être constitué en frais, alors qu'elles pourraient se trouver en définitive sans intérêt, par exemple si l'actif était balancé par le passif.

Elle a encore amélioré, facilité l'exercice de leurs droits, et accéléré l'expédition des affaires en introduisant, dès le principe, le débat contradictoire devant le préfet.

(3) Il nous eut paru utile de fixer un délai pour la production de ces mémoires, mais les préfets pourront prévenir des retards préjudiciables à l'ensemble des opérations en informant les parties, au moyen d'avertissemens qui leur seraient transmis par les maires, qu'à tel jour indiqué, ils procèderont, en conseil de préfecture, à l'examen de leur demande, et qu'elles sont invitées à fournir leurs mémoires avant cette époque.

Elles sentiront combien il est essentiel de présenter et de justifier toutes les observations qu'elles auraient à faire valoir dans leur inté-

rêt ; et, dès lors, de ne pas négliger de prendre, si elles ne l'avaient déjà fait, la communication des pièces ayant servi à la formation du
bordereau, ainsi qu'elles y sont autorisées par
l'art. 32.

**Art. XXXV**

*Aussitôt après que les observations* (1) ou mémoires que
les réclamans auraient à présenter, lui seront parvenus,
*le préfet, en conseil de préfecture*(2), procédera, 1°. à la vérification des titres justificatifs des qualités et droits des
réclamans ; 2°. à l'examen des bases adoptées pour le règlement de l'indemnité, des énonciations du bordereau,
et des observations des réclamans.

Il donnera sur le tout un avis motivé.

(1) Chaque préfet en faisant inscrire, à la
date, et dans l'ordre de leur arrivée, ces observations et mémoires, pour être procédé à
leur examen, dans le même ordre, suivrait la
marche d'une bonne administration qui s'at-
tache à prévenir jusqu'à la possibilité des
plaintes.

(2) La loi n'exigeait que l'avis du préfet ; la
sagesse du roi va plus loin : elle entoure le
préfet du conseil de préfecture.

Mais ce conseil n'est plus comme dans l'ordre

ordinaire de ses attributions, un tribunal, c'est un *conseil administratif* qui assiste le préfet de ses lumières et de son expérience.

S'il est utile de constater la délibération de ce conseil, il ne faut pas oublier qu'il s'agit d'une liquidation, que c'est l'acte de l'administrateur, que c'est l'avis du préfet qui, aux termes de la loi, est requis et doit seul être notifié, quelle que soit d'ailleurs la conformité ou la différence de cet avis avec le résultat de la délibération.

Celle-ci doit être transmise au ministre qui a intérêt de la connaître, mais il ne serait pas sans inconvénient, en cas d'avis contraire, de livrer aux parties intéressées le dissentiment du préfet et du conseil de préfecture. (*voyez* art. 38, n°. 1.)

### Art. XXXVI

2  Le préfet, en conseil de préfecture, par un avis distinct et séparé, donnera son opinion sur le mérite des réclamations, *pour cause de lésion* (1) résultant pour les ayant-droits de la fixation de l'indemnité à un capital moindre de dix-huit fois le revenu *réel* de 1790.

(1) *Voy.*, sur la communication de cet avis, art. 38, n°. 1, et, sur les bases de la lésion, art. 55, § 2.

## Art. XXXVII.

Si, dans un bordereau, le montant de l'indemnité
se trouve excédé ou seulement balancé par l'imputation
des dettes du réclamant envers l'état, le bordereau,
nonobstant ce résultat, devra être vérifié, discuté et
donner lieu à un avis du préfet en conseil de préfecture (1).

(1) La raison en est que la commission,
et en cas d'appel, le conseil d'état, auront toujours à statuer, dans ces cas, et à rendre un
jugement duquel résultera, s'il y a lieu, la li-
bération de l'état, par voie de compensation.

D'ailleurs, il se pourrait que la suite de
l'instruction fît admettre des élémens d'indemnité ou rejeter des déductions, de telle sorte
que la commission ou le conseil d'état trouvât
que l'actif surpasse le passif.

## Art. XXXVIII.

Ampliation certifiée *de l'avis du préfet* (1), séant en
conseil de préfecture, *sera communiquée aux parties* (2),
dans les huit jours de sa date, au domicile par elles indiqué dans la demande.

Dans le même délai, cet avis, portant mention de la
communication faite aux parties, sera adressé par le préfet à notre ministre secrétaire d'état des finances, avec
toutes les pièces à l'appui, ensemble les mémoires et

observations des réclamans concernant les resultats du bordereau.

Les observations que les réclamans pourraient avoir à présenter contre l'avis du conseil de préfecture devront être adressées directement à notre ministre secrétaire d'état des finances.

(1) Cet avis nous semblerait être celui pris en exécution tant de l'article 35 que de l'article 36.

En effet, d'après l'article 34, les parties, sur là simple communication du bordereau d'indemnité et de l'état des dettes, *doivent* présenter des observations distinctes tant sur la liquidation que sur la lésion.

Ces observations peuvent être plus ou moins prises en considération par le préfet, et apporter des modifications au résultat du bordereau. Il serait donc nécessaire, pour que les réclamans produisissent sur chacun de ces points de nouveaux mémoires devant la commission, qu'ils eussent connaissance des changemens apportés à leur position, sous le double rapport, soit de la liquidation, soit de la lésion, rapports qui sont indivisibles par l'influence nécessaire de l'un sur l'autre. Aussi toute l'économie de l'ordonnance prouve-t-elle que le préfet, comme la commission, doivent se livrer simultanément à ces deux opérations.

Nous rappellerons que c'est toujours l'avis du préfet qui doit être communiqué aux parties, et non la délibération du conseil de préfecture, qui est seulement à transmettre au ministre des finances. ( *Voyez* art. 35 , n°. 2. )

(2) Sur la forme. *Voy*. art. 34 , n°. 1.

### Art. XXXIX.

Le conseil de préfecture se réunira trois fois par semaine, et plus fréquemment s'il est reconnu nécessaire, à l'effet de délibérer sur les demandes et indemnités · ses avis seront consignés *sur un registre spécial* (1).

(1) Ce registre est seulement destiné à recevoir les avis du conseil de préfecture et non des préfets, qui, étant distincts et séparés, doivent être consignés sur un registre particulier. ( *Voyez* art. 35, n°. 2 , etc.; 38, n°. 1. )

### Art XL.

Notre ministre secrétaire d'état des finances *communi-* **10** *quera à l'administration des domaines* (1), avant de les transmettre à la commission de liquidation, les bordereaux d'indemnité qui lui auront été envoyés par les préfets, et les mémoires ou observations que lui adresseraient les réclamans; il fera vérifier s'il n'a pas été commis de double emploi ou d'omission dans la déduction des dettes portées aux états de passif, dressés au ministère des finances ou à la direction générale des domaines.

(1) Cette communication qui n'était point ordonnée par la loi, est une nouvelle garantie des vérifications qui doivent avoir lieu dans l'intérêt de l'État et des parties, et une suite des dispositions de l'art. 2.

 Elle a encore pour objet d'appeler l'administration des domaines à émettre son avis ainsi qu'il résulte de l'art. 44. Par là s'établit un débat contradictoire, d'autant plus utile que la commission profitera de l'expérience et dés lumières si connues de cette administration.

# TITRE VI.

De la commission de liquidation, de ses opérations et de l'inscription des rentes liquidées.

### Art. XLI.

*La commission de liquidation sera composée de vingt-six membres* (1).

Les rapports seront faits à la commission par tous les maîtres des requêtes composant le service ordinaire de notre conseil d'état, *à leur tour de rôle* (2).

La voix du maître des requêtes rapporteur comptera dans les délibérations.

(1) Lors de la discussion de la loi, à la chambre des députés, on reconnut l'inconvénient de commissions départementales qui auraient jugé les mêmes questions dans des sens divers, et la nécessité d'une commission unique et centrale établie à Paris, où se trouvàient les élémens des déductions à opérer.

Sa composition était déterminée par le projet de loi, et cette disposition a été retranchée comme contraire à la prérogative royale.

Aux termes d'une ordonnance du 8 mai, prise en exécution des articles 41, 42 et 43, de celle du 1er mai, cette commission est composée de vingt-six membres et divisée en cinq sections, savoir :

Le maréchal duc de Tarente, président.

*Première section.* — Les sieurs : Marquis de Lally-Tollendal, président; comte de Laforest, Ollivier, de Vérigny, baron de Guilhermy.

*Deuxième section.* — Les sieurs comte Dupont, président; duc de Brissac, Dufougeray, chevalier de Brevannes, de la Porte-Lalanne.

*Troisième section.* — Les sieurs comte de Vaublanc, président; vicomte Dambray, Fouquier-Long, marquis de Saint-Géry, Henri de Longuève.

*Quatrième section* — Les sieurs comte Beugnot, président; comte de Breteuil, de Maquillé, baron de Fréville, Dupleix de Mézy.

*Cinquième section.* — Les sieurs duc de Narbonne-Pelet, président; comte d'Haubersart, Calemard-Lafayette, de Blaire, baron Camus-Dumartroy.

La même ordonnance porte encore que l'examen des liquidations opérées dans les départemens sera réparti entre les sections, suivant l'ordre de service établi dans l'administration centrale des domaines; en conséquence,

La première section prononcera sur toutes les liquidations dans les départemens de l'Aube, d'Eure-et-Loir, de la Marne, de la Seine, de Seine-et-Marne, de Seine-et-Oise, de l'Yonne, d'Indre-et-Loire, de Loir-et-Cher, du Loiret, du Cher, de l'Indre et de la Nièvre;

La seconde, sur les liquidations des départemens de l'Aisne, de l'Oise, de la Somme, de l'Eure, de la Seine-Inférieure, du Calvados, de la Manche, de l'Orne, de Maine-et-Loire, de la Mayenne, de la Sarthe, des Côtes-du-Nord, du Finistère, d'Ille-et-Vilaine, de la Loire-Inférieure et du Morbihan;

La troisième, sur les liquidations des départemens de la Charente-Inférieure, des Deux-*Sèvres*, de la Vendée, de la Vienne, de la Charente, de la Dordogne, de la Gironde, du Gers, du Lot, de Lot-et-Garonne, des Landes, des Basses-Pyrénées, des Hautes-Pyrénées, de l'Ariége, de la Haute-Garonne, du Tarn, de Tarn-et-

Garonne, de l'Aude, de l'Aveyron, de l'Hérault et des Pyrénées-Orientales ;

La quatrième sur les liquidations des départemens de la Côte-d'Or, de la Haute-Marne, de Saône-et-Loire, du Doubs, du Jura, de la Haute-Saône, de la Meurthe, de la Meuse, des Vosges, des Ardennes, de la Moselle, du Bas-Rhin, du Haut-Rhin, du Nord et du Pas-de-Calais ; .

La cinquième sur les liquidations des départemens de la Corrèze, de la Creuse, de la Haute-Vienne, de l'Allier, du Cantal, de la Haute-Loire, du Puy-de Dôme, de l'Ain, de la Loire, du Rhône, des Hautes-Alpes, de la Drôme, de l'Isère, de l'Ardèche, du Gard, de la Lozère, de Vaucluse, des Basses-Alpes, des Bouches-du-Rhône, du Var et de la Corse.

## Les autres articles de l'ordonnance sont ainsi conçus :

4. Les dispositions contenues au précédent article ne feront pas obstacle à ce que les bordereaux formés au nom d'un même ayant-droit dans plusieurs départemens, et dont l'examen est attribué à diverses sections, ne soient compris dans une seule liquidation.

Dans ce cas ils seront soumis à celle des sections qui, à raison de la situation des biens-fonds donnant ouverture à l'indemnité, était appelée à connaître de la plus forte réclamation.

5. Les membres de la commission attachés au service ordinaire de notre conseil d'état s'abstiendront de prendre part aux délibérations du conseil d'état dans les affai-

res où ils auront déjà émis une opinion en leur qualité de membres de la commission.

Les maîtres des requêtes ne pourront également être nommés rapporteurs auprès du conseil d'état dans les affaires dont ils auront connu devant la commission de liquidation.

6. Le sieur vicomte *Harmand d'Abancourt*, membre de la chambre des députés, maître des requête en notre conseil d'état, est nommé secrétaire général de la commission de liquidation.

Les secrétaires adjoints seront nommés par notre ministre des finances.

(2) Cette mesure ajoute encore à la garantie que présentait le caractère d'impartialité des maîtres des requêtes; ils se trouveront, pour ainsi dire, nommés par l'ordonnance même.

### Art. XLII.

La commission sera divisée *en cinq sections* (1); elles seront présidées par un ministre d'état.

Il suffira de trois membres présens pour que les délibérations puissent avoir lieu; *en cas de partage* (2), l'affaire sera renvoyée à toutes les sections réunies.

(1) On ne peut nier que la loi qui instituait une commission unique ne soit modifiée par l'ordonnance qui la divise en sections; et qu'une telle organisation ne puisse entraîner

l'inconvénient reproché aux commissions départementales ( art. 41, n°. 1 ), celui d'une diversité de jurisprudence.

Mais la loi laissait et avait dû laisser cette latitude au roi, et la prompte expédition des affaires exigeait qu'il en fût ainsi.

D'un autre côté, la diversité de jurisprudence pourrait être prévenue en partie par des conférences tenues, sous la direction du président, entre les vice-présidens et les membres des sections opposées d'opinion.

Au surplus, l'uniformité de la jurisprudence de la commission résultera des appels interjetés par le ministre des finances des décisions contraires entre elles. La commission pourrait encore, dans d'autres conférences, s'accorder sur certaines formes dont l'application, non moins utile aux magistrats qu'aux parties, aurait l'avantage de mettre plus d'ensemble dans ses opérations.

Nous nous permettrons d'émettre l'idée que les formules des décisions devraient être préparées et arrêtées d'avance et contenir : 1°. la demande et les conclusions des parties ;

2°. Le résultat du travail préparatoire ;

3°. Le visa des pièces essentielles ;

4°. Les motifs des décisions.

Autrement elles pourraient avoir des formes diverses ou imparfaites qui, sur l'appel, jetteraient dans dés embarras plus ou moins graves.

(2) Le partage indique par lui seul des doutes, et dans une matière aussi grave, il ne pouvait être vidé, comme il se pratique dans les tribunaux, en appelant seulement un où plusieurs membres d'une autre section.

### Art. XLIII.

Il y aura près de la commission de liquidation un secrétaire général.

Dans chacune des cinq sections, un secrétaire adjoint tiendra la plume, et rédigera le procès verbal des séances.

### Art. XLIV.

La commission de liquidation recevra de notre ministre secrétaire d'état des finances, les titres, bordereaux, états de passif, accompagnés des avis donnés tant par le préfet en conseil de préfecture que *par l'administration des domaines* (1), et des observations et mémoires produits par les réclamans.

(1) *Voy.* art. 40.

### Art. XLV.

Les communications faites à la commission par notre ministre secrétaire d'état des finances seront consignées sur un registre ; les réclamations seront examinées *dans l'ordre de leur transmission* (1).

(1) Cette disposition est une suite de l'art. 16 : ainsi chaque affaire sera constamment instruite et jugée dans l'ordre qui lui appartient.

### Art. XLVI.

La commission procédera d'abord à la reconnaissance des *qualités et droits* (1) *des réclamans* (2).

Si elle pense que *leurs titres* soient insuffisans, que *leur justification est irrégulière* (3), ou s'il s'élève entre les réclamans des contestations sur leurs droits respectifs, la commission les renverra à se pourvoir devant *l'autorité compétente* (4), pour faire statuer sur leurs qualités ou prononcer sur leurs prétentions.

(1) Cette reconnaissance ne sera pas moins importante que difficile. Le travail, il est vrai, ne peut qu'être parfaitement préparé par les avis tant des préfets et des conseils de préfecture que des directeurs et de l'administration des domaines, agissant sous la haute surveillance du ministre des finances. Mais la commission n'aura pas seulement à le vérifier, elle

aura encore à pénétrer toutes les questions de droit que pourraient offrir les différentes législations et les diverses positions des parties, et qui auraient échappé dans cette première instruction. ( *Voy*. art. 6, n°. 2.)

Nous avons dit, sur le même article, que c'était aux réclamans à établir d'abord qu'il était dû une indemnité, ensuite que c'étaient eux qui y avaient droit; mais que la première opération pour la commission était la vérification des qualités.

Il est sensible que, quand même la commission penserait qu'il n'est point dû d'indemnité, elle n'en devrait pas moins procéder à cet examen; car il se pourrait que sa décision fût infirmée sur le pourvoi des parties.

(2) Les mémoires que les réclamans auraient à présenter à la commission pourront être rédigés et signés par eux ou par des avocats aux conseils du roi. Ce dernier mode serait même préférable, ces avocats, ainsi que M. le ministre des finances l'a très-bien fait remarquer, ayant la connaissance et l'habitude des affaires.

(3) L'art. 11 de la loi voulait aussi que si la

*justification, était irrégulière ou insuffisante, la commission renvoyât devant les tribunaux pour faire statuer sur la qualité des réclamans, contradictoirement avec le procureur du roi.*

Si l'état succombait, il ne pourrait, suivant nous, être condamné aux dépens. D'une part, aucun fonds n'a été affecté à cet effet; de l'autre, le jugement doit être considéré comme un complément de justification des qualités.

Mais le renvoi ne sera pas toujours d'obligation.

Par exemple, un intitulé d'inventaire, un acte de notoriété, peut être seulement à rapporter, ou à rectifier, et il n'y aurait pas lieu de constituer les parties dans les frais d'une instance. Il serait plus expéditif de leur indiquer ce qu'elles ont à faire.

Une difficulté proviendra de ce qu'elles n'auraient ni fondé de pouvoir, ni avocat. Mais il pourra leur être écrit administrativement par la voie du préfet du département.

(4) C'est-à-dire devant les tribunaux, ainsi que le prescrit l'art. 11 de la loi, ou devant l'autorité administrative, s'il s'élevait des questions dont la connaissance lui est spécialement réservée; car la loi du 27 avril ne déroge au-

cunement aux principes en matière de juridiction administrative, comme l'attesterait même
l'art. 59 de l'ordonnance.

Il se pourrait que des questions sur la qualité de Français se rattachassent à des intérêts
administratifs ou à des interprétations politiques de traités. Elles seraient du ressort de
l'autorité souveraine. (*Voy.* préambule, n°. 2.)

**Art. XLVII.**

**12**     Quand la justification des qualités et droits aura été
reconnue suffisante, ou quand il aura été statué conformément à l'article précédent, la commission, après avoir
vérifié qu'il a été donné *copie aux parties des bordereaux
et états de passif* (1), *procédera à la liquidation* (2), conformément aux bases posées par la loi pour les différentes
classes de biens confisqués ou vendus.


(1) Nous avons vu (art. 34, n°. 2), que l'ordonnance a évité des circuits, et accéléré les
opérations, en prescrivant la communication
immédiate aux parties des pièces qui pouvaient
les intéresser, et notamment des avis du
préfet.

La commission nous semblerait rentrer
dans l'esprit de l'ordonnance, en vérifiant,
en outre, si ces avis ont été notifiées, et

dans le cas contraire en ordonnant qu'ils le fussent.

Sur la manière de justifier des communications. (*Voy.* article 34, n°. 1.)

Il résulte de la discussion à la chambre des députés que la commission ne pourrait rechercher si les créances liquidées par l'état étaient fondées en titres. Ce serait porter atteinte aux droits des créanciers, lesquels sont garantis par l'article 1ᵉʳ. de la loi du 5 décembre.

« Cependant, ajoutait le rapporteur de la
» commission, si l'on découvre qu'un homme
» a fait un faux, et que la prescription ne soit
» point arrivée, il n'y a pas besoin de loi,
» parce que la Charte n'a entendu maintenir
» que les actes qui ne sont pas le résultat du
» dol. »

Dans ce cas même de faux, le recours contre l'état ne pourrait être exercé par l'indemnisé : il serait toujours tenu de supporter la déduction, sauf à lui à se pourvoir contre l'individu qui, à l'aide d'un moyen criminel, aurait trompé le gouvernement.

(2) La commission rend un véritable jugement de première instance. C'est un jugement

sur requête, un jugement sur demande qui est contradictoire à l'égard des parties, soit qu'elles aient ou non fourni des pièces ou des mémoires à l'appui.

Elles ne pourraient attaquer ensuite ce jugement par opposition ; la seule voie qui leur soit réservée est le recours au roi, en son conseil d'état.

Mais la liquidation étant en instance, devant la commission, les tiers intéressés pourraient se rendre parties intervenantes; alors il y aurait lieu, selon nous, de suivre les formes ordinaires, c'est-à-dire d'ordonner la signification à qui de droit, de leurs demandes et mémoires.

Nous venons de dire qu'il fallait que la liquidation fût encore en instance.

En effet, la tierce-opposition recevable dans le droit commun aussi long-temps qu'il n'y a ni signification, ni acquiescement, est inadmissible dans cette latitude en administration, et surtout en liquidation. Il faut un terme aux affaires, et des délais ont été fixés par la loi et par la nécessité.

### Art. XLVIII.

Les délibérations de la commission seront signées du 13 président et du secrétaire général.

Il en sera adressé copie à notre ministre secrétaire d'état des finances.

### Art. XLIX.

*La communication à donner* (1) aux ayant-droit confor- 13 mément à l'art. 13 de la loi, aura lieu par l'intermédiaire des préfets au domicile élu dans les demandes d'indemnité.

(1) *De la décision de la commission après la liquidation opérée.*

### Art. L.

Après cette notification, *les ayant-droit* (1) pourront 13 requérir l'inscription immédiate de la rente liquidée à leur profit, en déclarant qu'ils n'entendent pas exercer de pourvoi. Leur demande contiendra, en outre, l'indication du département où ils veulent être payés des arrérages de la rente à inscrire en leur nom. A défaut de déclaration, la délivrance de l'inscription n'aura lieu qu'après l'expiration du délai accordé pour le pourvoi.

Ceux dont l'indemnité n'excéderait pas une rente de 250 francs pourront en réclamer l'inscription immédiate et intégrale, en affirmant qu'ils n'ont droit à aucune autre liquidation (2).

(1) Les créanciers étant fondés, ainsi que nous l'avons dit (art. 5, n°. 5), à exercer les

droits de leurs débiteurs, l'inscription provenant de la liquidation pourrait par conséquent leur être remise, après toutefois qu'ils l'auraient fait ordonner en justice.

(2) Cette disposition a été proposée par S. Exc. le ministre des finances, dans la vue de favoriser les propriétaires les moins riches, et d'éviter le morcellement des petites parties de rentes.

ART. LI.

14 *En cas de pourvoi* (1) par-devant nous en notre conseil d'état, soit par les ayant-droit, soit par notre ministre des finances, conformément aux dispositions de l'article 14 de la loi, il sera sursis à la délivrance de l'extrait d'inscription jusqu'à la décision à intervenir.

(1) *Les ayant-droit pourront se pourvoir contre la liquidation de la commission devant le Roi en son conseil d'état, dans les formes et dans les délais fixés pour les affaires contentieuses.*

*La même faculté est réservée au ministre des finances.* (Art. 14 de la loi.)

Ce délai court du jour de la notification; il est de *trois* mois pour ceux demeurant dans la France continentale;

De *cinq* mois pour ceux demeurant en Corse, en Angleterre et dans les états limitrophes de la France;

De *sept* mois pour ceux demeurant dans les autres états de l'Europe;

De *neuf* mois pour ceux demeurant hors d'Europe, en deçà du cap de Bonne-Espérance;

De *quinze* mois pour ceux demeurant au delà.

(Art. 11, 12 et 13 de l'arrêté réglémentaire du 22 juillet 1806.)

Les déchéances que ces délais emportent exigent que la notification soit régulièrement constatée. Nous avons indiqué (art. 34, n°. 1) quelles pouvaient être les formes administratives à suivre à cet effet.

Le droit d'interjeter appel dans les trois mois du jour où la commission lui aurait adressé copie de sa décision (art. 48) étant aussi réservé au ministre des finances, il sera nécessaire de constater sur un registre ou autrement la date de la remise de cette copie.

Le ministre des finances agissant personnellement en qualité de demandeur ou de défendeur, la partie réclamant une indemnité n'aura toujours qu'à payer ses propres dépens, soit qu'elle obtienne ses conclusions ou qu'elle succombe.

### Art. LII.

A la réception des déclarations voulues par l'art. 5o ci-dessus, qui lui seront transmises par le préfet, notre ministre secrétaire d'état des finances fera procéder par imputation, sur le crédit de 3o millions de rente qui lui est ouvert à l'inscription intégrale des rentes de 25o fr. et au-dessous. A l'égard de celles qui excéderaient cette quotité, il y sera procédé par cinquième à l'époque du 22 juin de chaque année, à partir de 1825, avec jouissance du jour de l'inscription autorisée (1).

(1) L'application des regles concernant *l'inscription*, et qui sont communes à toute la dette publique, emportent l'exécution de celles qui sont relatives à la communication aux ayant-droit, aux transferts, oppositions, etc.

### Art° LIII

La remise des extraits d'inscriptions sera faite aux ayant-droit, à Paris, par le directeur du grand-livre de la dette inscrite, au ministère des finances; dans les départemens, par le receveur-genéral.

### Art. LIV.

Notre ministre secrétaire d'état des finances prendra les mesures nécessaires pour que les indemnisés jouissent, pour toucher les arrérages de leurs rentes, dans les

- départemens de leur résidence, des mêmes facilités qui
sont accordées aux autres propriétaires de rentes.

Art. LV.

La commission de liquidation, toutes les sections réunies, examinera les avis donnés par le préfet en conseil
de préfecture, sur la lésion éprouvée par les ayant-droit
à l'indemnité. Lorsque le resultat des liquidations sera
connu, elle vérifiera à quelle somme s'élèvent les fonds
restés disponibles sur les 30 millions de rente, et afin de
nous préparer les moyens de *réparer les inégalités résul-
tantes* (1) des bases fixées par l'art. 2 de la loi, elle nous
présentera, avec un rapport sur ses travaux, un tableau
indiquant la situation relative de tous les individus qui
ont participé à l'indemnité.

(1) Nous avons annoncé dans nos observations
préliminaires que l'appréciation des lésions,
pour parvenir à la réparation des inégalités
résultant des bases gé iérales de la loi, était
une opération distincte de la liquidation proprement dite, et qu'elle était régie par un autre ordre d'idées et de principes.

C'est ici le lieu de réunir tout ce qui concerne cette opération, et nous allons la consi-
dérer sous le rapport

1°. De son importance;

2°. De ses bases;

3°. Des justifications à fournir par les parties ;

4°. Des avis à émettre par les préfets et les conseils de préfecture ;

5°. Et du travail de la commission.

§ 1<sup>er</sup>. *Importance de l'opération.* — La dernière disposition de l'art. 2 de la loi citée par l'ordonnance est ainsi conçue : « Lorsque le » résultat des liquidations aura été connu, les » sommes restées libres sur les trente millions » de rente déterminés par l'article 1<sup>er</sup>. seront » employées à réparer les inégalités qui au- » raient pu résulter des bases fixées par le pré- » sent article, suivant le mode qui sera réglé » par une loi. »

Ce fut afin d'augmenter le fonds de réserve que la chambre des députés réduisit à dix-huit fois le revenu de 1790, l'indemnité que le projet de loi avait fixée à vingt fois, pour les ventes faites dans les termes de la loi du 12 prairial.

Un député calcula que ce retranchement laisserait libres plus de soixante millions, indépendamment des douze millions, environ, qui auparavant étaient déjà disponibles sur le milliard.

Cette somme s'accroîtra encore de beaucoup par la réduction des indemnités au prix de rachat, par les déshérences, par les portions des individus ayant perdu la qualité de Français, et enfin par les déchéances : elles seront nombreuses, surtout à raison de l'ignorance de leurs droits, dans laquelle se trouveront tant de personnes, après plus de trente années, et lorsque la loi du 17 nivôse admet la représentation à l'infini.

Cet aperçu établit suffisamment que la masse du fonds de réserve sera très-considérable.

Elle mérite donc déjà par elle-même que l'on porte le plus grand soin à son égale répartition.

Mais cette égale répartition est encore commandée par des considérations d'un ordre supérieur.

Si la raison d'état n'a pas permis la restitution des biens, ou le paiement intégral de leur prix, elle exige du moins que l'indemnité destinée à cette grande réparation soit attribuée proportionnellement aux droits de chacun, et que des plaintes excitées par des injustices ne viennent point troubler la paix publique qu'elle a eue pour objet.

D'ailleurs il s'agit précisément de la classe

nombreuse de ceux qui auront le moins profité de l'indemnité.

§ 2. *Bases de la lésion.* — Pour établir la lésion entre les différens propriétaires, il fallait partir d'un terme qui leur fût commun; c'est ce qu'a fait l'ordonnance. Par ses art. 34 et 36, elle les ramène tous à la base du revenu *réel* de 1790.

L'expression de *réel* indique que l'on doit déduire le montant des contributions; un député en avait fait l'observation, et, suivant lui, il eût été *absurde* de procéder autrement.

La loi (art. 2) qualifie encore le revenu de *valeur* de 1790, ce qui s'applique aux revenus en nature. Ceux-ci, aux termes des lois des 12 prairial an III, et 28 ventôse an IV, donnaient lieu à une évaluation en argent qui pourrait encore être à faire aujourd'hui.

Par les mêmes art. 34 et 36, l'ordonnance n'admet à réclamer que ceux qui recevraient une allocation moindre que dix-huit fois le revenu réel de 1790.

Dès lors c'est l'allocation et non la catégorie qui fixe la position du propriétaire.

Il est à remarquer que les anciens propriétaires rentrés en possession de leurs biens directement, ou par personnes interposées; et encore leurs héritiers rentrés directement dans cette possession, n'auront jamais à prétexter de lésion. Pour eux tout est consommé par le remboursement du prix versé dans les caisses de l'état.

§ 3. *Justifications à fournir par les parties.* — Celui qui forme une demande est tenu de la justifier; c'est donc aux propriétaires qui se prétendraient lésés à établir quel était leur revenu réel de 1790.

Cette preuve variera suivant les circonstances.

Elle pourra résulter notamment des procès verbaux d'adjudications ou actes préparatoires. En effet, et antérieurement à la loi du 12 prairial an III, les lois des 17 mai, 25 juillet et 15 août 1790, prescrivaient de ne vendre les biens nationaux que sur une estimation prise dans leur revenu multiplié par un certain nombre d'années.

A défaut de semblables procès verbaux et actes, ou si les propriétaires contestaient leurs énonciations, ils auraient, autant que possible, à rapporter des documens authentiques, tel que baux à ferme, soit qu'ils eussent été passés avant la confiscation, ou depuis par le nouveau propriétaire; extraits des états de section, et de matrices de rôles.

Au sujet des impositions, il peut n'être pas inutile de rappeler que la même loi du 12 prairial réputait le revenu présumé être de cinq fois le montant du principal de la contribution foncière de 1792.

Enfin les réclamans pourraient provoquer une expertise contradictoire entre eux et l'administration. Mais le résultat de ces sortes d'opérations est si incertain de sa nature, que les préfets nous sembleraient ne devoir y consentir qu'en l'absence de toutes autres preuves.

Ces indications ne seront pas sans quelque utilité pour expliquer aux parties les différentes justifications qu'elles auraient à rapporter à l'appui des mémoires et observations qu'elles sont appelées à fournir par l'art. 34.

On ne peut se le dissimuler, il sera souvent difficile de compléter ces justifications : souvent les circonstances forceront de recourir aux présomptions, mais alors il y aura lieu de s'attacher à les rendre graves, précises et concordantes, et elles tireront une nouvelle force de la bonne foi avec laquelle elles seront exposées

Nous avons énoncé l'opinion que l'avis du préfet sur la lésion était à communiquer aux parties. Si, postérieurement, elles croyaient avoir à produire de nouveaux mémoires, il nous semble qu'elles pourraient les adresser à à M. le ministre des finances. Les différentes mesures prises par l'administration attestent combien elle désire d'être éclairée.

Nous avons annoncé (art. 14, n°. 1, et art. 26, n°. 1) que nous parlerions ici des patri-monialisations, et nous avons fait observer qu'à cet égard chacun était libre de déclarer les sommes qu'il pouvait avoir reçues, sommes que l'on qualifiait de *plus-values*, et qui étaient bien dans le fait, des *indemnités*.

La patrimonialisation ou *patrimonification* pouvait être *directe* ou *indirecte*.

*Directe* quand l'acte était passé entre l'ancien propriétaire et l'acquéreur ou leurs représentans.

*Indirecte* quand, par convention préalable avec un tiers, l'ancien propriétaire ou ses ayant-droits rachetaient de l'acquéreur ou de ses ayant-cause, et faisaient une déclaration de command au profit de ce tiers, et encore quand ils étaient présens à la revente opérée par le nouveau propriétaire.

Dans tous ces cas, la présomption est qu'il a été payé un prix pour la patrimonialisation.

§ 4. *Des avis à émettre par les préfets et les conseils de préfecture.* — Si l'on combine les dispositions des art. 34, 35 et 36 de l'ordonnance, on voit que c'est sur la copie qui leur est donnée du bordereau d'indemnité et de l'état du passif, que les intéressés *doivent* présenter, séparément, leurs mémoires et observations sur la liquidation de l'indemnité et sur la lésion qui en résulterait pour eux. On voit que le préfet, assisté du conseil de préfecture, donne aussi son avis séparément sur chacun de ces points.

De là il résulte que les deux opérations marchent simultanément; seulement il se pourrait que la lésion disparût ou fût réduite, suivant que la commission ou que le roi en son conseil porterait l'indemnité à une somme supérieure à celle énoncée dans le bordereau approuvé par le préfet.

A cet administrateur est confié le premier travail préparatoire pour la répartition du fonds de réserve, travail qui n'exige pas moins d'attention que de recherches.

En effet, il doit donner un avis, et, dès lors, discuter les pièces produites; et, encore, apprécier les faits ou les présomptions qui souvent seront articulés ou présentés par les parties.

Sa position lui permet, en outre de faire connaître des circonstances particulières et de fournir certains documens essentiels.

La commission, qui n'est en cette partie, et comme nous allons l'expliquer, qu'un jury d'équité, aurait tel égard que de raison à ces divers élémens.

§ 5. *Travail de la commission.* — La commission est appelée à remplir une grande et difficile mission.

D'une part, son travail a pour objet de réparer des inégalités, qui, si elles étaient maintenues, seraient autant d'injustices, car il y a injustice là où la répartition d'un fonds commun n'est point égale. Elle est chargée de présenter au roi un rapport sur ses travaux, avec le tableau de la situation relative de tous les individus qui auront participé à l'indemnité, et ce tableau deviendra, probablement, la base de la loi future.

D'autre part, aucune regle positive ne lui est assignée, et cependant les prétentions, les justifications ou les présomptions, varieront à l'infini comme les positions des parties.

C'est sans doute d'après toutes ces considérations que le roi a voulu que l'appréciation des lésions se fît avec une grande solennité, toutes les *sections réunies.*

Nous caractériserons d'abord ses attributions, et ensuite nous hasarderons quelques idées sur le mode de ses opérations.

La commission est, et ne pouvait être qu'un jury d'équité, qu'un comité consultatif.

En l'absence de toute règle, son opinion se forme d'après sa conviction morale.

De là il résulte que son travail est purement administratif, purement préparatoire. Jusqu'à ce qu'une loi ait déterminé le mode de répartition du fonds de réserve, il n'existe pour les réclamans qu'une expectative, qu'une éventualité de droits. Aucun d'eux ne pourrait donc se pourvoir par la voie contentieuse.

Mais si un indemnisé, prétendant au fonds de réserve, venait à découvrir que, dans une liquidation, on n'a point opéré une imputation ou une déduction importante, ne pourrait-il pas attaquer cette liquidation par une tierce opposition? Il aurait à dire qu'appelé à participer au fonds de réserve, il a intérêt d'empêcher qu'il ne soit indûment réduit. Certaines circonstances pourraient ajouter à la gravité de la question. Il nous aura suffi de l'élever pour faire sentir l'attention, le scrupule, l'esprit d'investigation qu'exigera cette partie des opérations.

Elle pourra encore exiger que la commission, dans les conférences, dont nous avons parlé (*voy*. art. 42, n°. 1), s'accorde sur les bases pour l'appréciation de la lésion; par exemple, le revenu de 1790 est le terme de comparaison : mais comment le reconnaître à défaut d'acte qui le détermine? Dans ce cas, ne pourrait-on pas admettre une présomption analogue à celle établie par la loi du 12 prairial, qui composait le revenu de cinq fois le montant du principal de la contribution foncière de 1792?

La première des opérations de la commission est, aux termes de l'art. 55, l'examen des avis donnés par le préfet et le conseil de préfecture. Si cet article ne parle pas des mémoires et observations des parties, c'est que les art. 40 et 44 avaient déjà prescrit en termes généraux la communication de ces mémoires ou observations à l'administration centrale et leur transmission, par le ministre des finances, à la commission.

Ils seront donc également à examiner, ainsi

qué les avis émis par cette administration, et les autres pièces et documens qui seraient produits.

A l'aide de ces élémens , la commission pourra reconnaître si les réclamans sont effectivement dans le cas de l'application des articles 34 et 36 de l'ordonnance, c'est-à-dire si le résultat de la liquidation qu'elle aura arrêtée leur attribue une allocation moindre que dix-huit fois le revenu réel de 1790, calculé , ainsi que nous l'avons expliqué plus haut ; et elle reconnaîtra en même temps la somme nécessaire au complément de cette allocation.

Enfin , elle constatera les faits ; elle constatera aussi la somme *restée disponible* sur. le capital d'un milliard , et elle préparera ainsi les élémens de la loi , d'après laquelle seront déterminées les formes et les règles de la répartition.

Le tableau à rédiger *de la situation relative de tous les individus ayant participé à l'indemnité* pourra présenter deux classes, qui se composeraient l'une de ceux qui auraient reçu , et l'autre de ceux qui n'auraient pas reçu une indemnité égale à dix-huit fois le revenu réel de 1790 ; et dans cette dernière se trouverait porté, au compte de chacun, le supplément qui lui reviendrait.

Sans rien préjuger de la loi future, il est permis de prévoir trois hypothèses.

En définitive, ou la somme restée disponible sur le capital d'un milliard, sera insuffisante, pour compléter à tous les propriétaires lésés, dix-huit fois le revenu réel de 1790;

Ou elle sera suffisante;

Ou elle présentera un excédant.

Il pourrait y avoir lieu, dans le premier cas, à une contribution qui se composerait, pour la masse active, de la somme disponible, et, pour la masse passive, du montant total des lésions constatées, et chaque indemnisé aurait à recevoir une somme proportionnelle à la lésion qu'il aurait éprouvée dans l'indemnité primitive;

Au second cas, chacun d'eux toucherait le complément de la somme lui revenant.

Mais, dans le troisième cas, comment opérerait-on? partagerait-on entre tous l'excédant pour élever l'indemnité au taux primitif de vingt fois le revenu, et l'état profiterait-il du surplus?

Nous avons manifesté l'opinion qu'il y avait lieu de procéder, simultanément, et à la liquidation de l'indemnité, et à l'appréciation de la lésion. Ce mode nous semblerait réunir un double avantage. D'une part, il sera plus expéditif de terminer à la fois les deux opérations ; de l'autre, elles présentent des élémeus qui leur sont communs, et, dès lors, si l'on agissait autrement, il faudrait revenir à un examen qui aurait déjà été fait.

# TITRE VII (1).

## § I<sup>er</sup>.

Des créanciers, et des biens affectés provisoirement aux hospices et autres établissemens de bienfaisance.

### Art. LVI.

18 *Les oppositions* (1) qui seraient formées à la délivrance des inscriptions de rentes par *les créanciers porteurs de titres antérieurs* (2) à la confiscation, *non liquidés ni payés* (3), et qui ne doivent avoir d'effet que *pour le capital des créances* (4), seront dans tous les cas signifiées à Paris au ministère des finances ( bureau des oppositions )

Ces oppositions et celles que pourraient former des créanciers porteurs de titres postérieurs à la confiscation, seront faites dans les formes prescrites par les lois des 19 février 1792 et 30 mai 1793 et *par le décret du* 18 *août* 1807 (5).

( 1 ) La loi suppose que le créancier qui trouve

***

(1) Ce titre renfermant des dispositions qui lui sont étrangères, nous l'avons divisé en deux paragraphes.

dans son débiteur d'autres ressources, ne viendra pas discuter l'indemnité. Mais, s'il la discute, elle lui dit : « La raison d'état oblige le » gouvernement à ne payer que le capital cal- » culé d'après des bases fort étroites. Ce que » reçoit l'indemnisé lui tient lieu de tout; » c'est, pour lui, capital, intérêt, en un mot » toute sa créance. Prenez, au même titre, la » valeur qu'on lui donne, ou ne vous attaquez » point à cette valeur, et conservez vos autres » droits sur ses autres biens et sur sa per- » sonne. »

Il y a cette différence que la loi est absolue pour l'indemnisé, tandis qu'elle est, jusqu'à un certain point, facultative pour son créancier.

C'est une *transaction* que la loi fait entre eux, comme suite et conséquence de la transaction légale entre l'état et le débiteur.

Il faut bien qu'elle intervienne, et qu'il y ait *transaction légale* là où les concordats, les *transactions conventionnelles* sont impossibles.

C'est ce qui arrive quand de grands désastres frappent des classes entières de débiteurs, et trop considérables pour que leurs créanciers puissent s'entendre et transiger sur la déconfiture.

C'est ce qui arrivera si, pour Saint-Domingue, on traite d'une indemnité en faveur des colons.

C'est ce qui est déjà arrivé plusieurs fois, ainsi que l'auteur de cet essai l'a établi dans des considérations par lui publiées, en 1814, sur l'état respectif des émigrés et de leurs créanciers.

Nous nous bornerons ici à deux exemples.

En Belgique, un édit de 1537 réduisit les dettes, dans la proportion des pertes que la guerre avait fait éprouver au débiteur; et cet édit continua d'être exécuté, même par le parlement de Flandre.

De nos jours, le gouvernement, en rendant aux hospices leurs biens invendus, déclara qu'ils ne seraient tenus des arrérages de leurs dettes non liquidées qu'à dater de la restitution.

En résumé, on retrouve ici le caractère politique de la loi. Elle déroge au droit commun à l'égard de l'indemnisé comme à l'égard de son créancier. Elle n'est toujours ni une loi de libéralité, ni une loi d'entière justice. Elle est un jugement arbitral et d'équité. C'est une transaction trilatérale qu'elle fait, qu'elle homologue. C'est la dictature, c'est le droit d'intervention dans les matières civiles, remède extrême qui ne peut être tiré du droit commun, qui doit être et est justifié par un mal extrême, c'est-à-dire par les désordres qui suivent une grande et terrible révolution.

Nous verrons que les les droits des créanciers hypothécaires, et toujours quant au capital seulement, ont été conservés par la loi. ( *Voyez* son art. 18.)

Mais il n'en a pas été de même des créanciers chirographaires. S'il est vrai que ceux-ci soient toujours censés suivre la foi de leurs débiteurs, peut-être, cependant, eût-il été convenable de leur accorder un délai pour prévenir, par des oppositions, les transports précipités qui pouvaient être faits, à leur préjudice. Cette circonstance serait d'un grand poids auprès des tribunaux, dans les cas, bien rares sans doute, de demandes formées devant eux, en nullité de ces cessions.

Il peut être utile de faire observer à ces créanciers, que, si antérieurement à la signification du transport au ministère des finances, il existait déjà une opposition, celles qu'ils formeraient ensuite produiraient leur effet. (Ar-

• rêts de la cour royale de Paris, des 15 janvier
1814, et 28 mars 1820.)

Mais l'opposition pourra-t-elle conserver pour
des arrérages d'une rente viagère échus antérieurement au 22 juin 1825?

On peut dire que la rente viagère n'a point
de capital, ou qu'il se compose d'une accumu-
lation d'arrérages ; et l'on peut objecter que la
loi n'a point distingué ; qu'elle a considéré que
le propriétaire spolié, privé de ses revenus,
n'entrait en jouissance de l'indemnité qu'à dater
du 22 juin 1825.

(2) « Quelques membres de votre commis-
» sion (disait M. le comte Portalis), auraient
» désiré que l'article eût dit en termes exprès
» que la prescription n'avait pu courir contre
» les créanciers d'un émigré, durant le temps
» de l'émigration de son débiteur. Mais elle a
» été unanimement d'avis que le texte de la loi
» le disait implicitement, et qu'il y avait lieu
» d'ailleurs à l'application de cette maxime de
» droit qui veut que les délais de la prescription
» ne puissent courir contre celui qui est dans
» l'impossibilité d'agir. »

(3) La liquidation par l'état, non suivie de

paiemens, n'a point opéré l'extinction de la dette, et le créancier est resté dans tous ses droits vis-à-vis de son débiteur.

Pour les exercer, il est néanmoins tenu de rapporter les certificats de liquidation et mandats d'arrérages, qui lui avaient été délivrés, et dont il n'avait pas fait usage, soit en convertissant en inscription sur le grand-livre, soit autrement.

(4) « Cette restriction ne s'applique qu'à » l'indemnité ; elle ne donne aucune atteinte » aux droits qui peuvent résulter en faveur des » créanciers, des titres dont ils sont nantis, » ni aux actions qui peuvent leur appartenir » sur les autres biens, dans l'état actuel de notre » législation. » ( Exposé des motifs de la loi par M. le ministre des finances. )

M. Pardessus, en parlant de la disposition qui autorise les débiteurs à se libérer, moyennant le transfert sur le montant de la liquidation, en rentes trois pour cent, d'un capital nominal égal à la dette réclamée, ajoutait : « si postérieurement à son retour, l'émigré a » fait un acte dans lequel il a reconnu l'exis- » tence de la dette qui avait été déclarée natio- » nale et ensuite frappée de déchéance, ce ne

» sera pas le cas de lui appliquer les disposi-
» tions de l'amendement, parce qu'il s'est lui-
» même imposé une loi conventionnelle depuis
» son retour. »

De là il résulterait que dans ce cas spécial l'opposition pourrait aussi être formée pour les intérêts qui seraient dus. Toutefois nous devons faire remarquer qu'ici M. Pardessus n'exprimait que son opinion personnelle, et non celle de la commission.

(5) Il suffira de consulter ce décret qui, en réunissant les dispositions antérieures, a déterminé toutes les formes des oppositions.

Elles sont signifiées au ministre en la personne du chef de bureau des oppositions; et bien que d'après le décret on ne doive les admettre qu'autant qu'elles seraient fondées sur des titres dont copie est remise, on admet également les oppositions formées en vertu de simples ordonnances rendues sur requête par le président du tribunal de première instance, en exécution des dispositions du Code de procédure civile.

Nous terminerons cet article par un avertissement essentiel aux créanciers.

Les autres biens de leurs débiteurs suffiront ou non à la garantie de leur paiement.

Au premier cas, il serait préférable de ne point former opposition à la délivrance de son indemnité ; car ce débiteur pourrait être fondé à soutenir que ce seul fait les soumet à l'application de la disposition de la loi, et que dès lors il a le droit de se libérer moyennant un capital nominal égal à la dette réclamée.

Au second cas, il serait encore préférable de ne former opposition que pour la portion des créances qui ne se trouverait point assurée, en l'expliquant formellement, et en faisant des réserves positives pour l'exercice de leurs droits quant au surplus.

Mais ils n'auraient pas de temps à perdre pour agir. En effet, de l'art. 18 de la loi, il résulte que les oppositions peuvent être reçues jusqu'à la délivrance de l'inscription, et de l'article 5, que cette inscription se fera par cinquième, d'année en année.

Le premier cinquième deviendra donc insaisissable aussitôt qu'il sera inscrit.

Or, la prévoyance des indemnisés, le zèle des autorités locales, celui de la commission, la volonté du gouvernement, le désir naturel au ministre des finances, d'émettre sur la place des rentes trois pour cent, et l'utilité politique de prouver que la liquidation marche et peut marcher rapidement, feront probablement inscrire le premier cinquième d'un grand nombre d'indemnisés dans le courant du mois d'août ou de septembre; et la loi ni l'ordonnance ne prescrivent aucune formalité qui avertissent les créanciers.

## Art. LVII.

17  À l'égard des biens-fonds qui n'ont été que *provisoirement affectés* (1) aux hospices et aux autres établissemens de bienfaisance, et qui, aux termes de l'art. 8 de la loi du 5 décembre 1814, doivent être restitués après que ces établissemens auront reçu un remplacement de dotation égal à la valeur de ces biens, si les anciens propriétaires ou leurs représentans veulent rentrer en possession desdits biens, moyennant la remise à l'établissement détenteur, d'une inscription de rentes trois pour cent dont le capital sera égal au montant d'l'estimation due aux réclamans à titre d'indemnité, l'ancien propriétaire ou ses représentans feront connaître au préfet de la situation des biens, aussitôt après la liquidation de leur indemnité, l'intention où ils sont de rentrer en possession desdits biens dont ils indiqueront la nature et le détenteur actuel : ils produiront en même temps la décision de la commission sur l'indemnité liquidée à leur profit.

(1) *Voy.* art. 27, n°⁵. 3 et 4.

## Art. LVIII.

Communication de leur réclamation sera donnée à
l'administration de l'établissement détenteur, laquelle
vérifiera si elle possède à titre provisoire, et, dans ce
cas, prendra une délibération conforme aux intentions
du réclamant, et la transmettra au préfet avec une copie dûment certifiée de l'acte de concession provisoire.

Après examen des pièces à lui adressées, le préfet
prendra, sauf l'approbation du ministre de l'intérieur,
un arrêté à l'effet d'ordonner la remise des biens-fonds
aux ayant-droit; mais sous la réserve qu'elle ne sera effectuée que *lorsque l'hospice aura reçu l'inscription* (1) de
la rente qui lui est attribuée.

(1) Le projet de loi portait : *en offrant de
transmettre à l'hospice détenteur l'inscription de
rente trois pour cent égale au montant de l'estimation qui leur aura été accordée à titre d'indemnité.*

La chambre des députés substitua : *aussitôt
qu'ils auront transmis à l'hospice détenteur une
inscription de rente 3 pour cent.*

La remise des biens ne pourra donc être
effectuée qu'après transfert de la rente.

Encore ce transfert devrait-il être *avec jouissance actuelle*; et non du simple droit de l'indemnisé à l'inscription avec jouissance par cinquième : autrement l'hospice resterait privé

d'une partie de ses revenus pendant plusieurs années; et ce serait ajouter à la perte qui résultera pour lui de ce que la rente trois pour cent n'égalera point le revenu des biens qu'il cessera de posséder.

Mais la loi du 5 décembre 1814 (art. 8) porte : *Lorsque, par l'effet de mesures législatives, les établissemens* (de bienfaisance) *auront reçu un accroissement de dotation égale à la valeur des biens qui n'ont été que provisoirement affectés, il y aura lieu à remise en faveur des anciens propriétaires, leurs héritiers ou ayant-cause.*

Ce cas venant à se réaliser, l'hospice conservera-t-il la rente qu'il aura déjà reçue? S'il la conserve, il obtient un avantage, et tel n'a pas été le but de la loi.

Cependant elle ne peut retourner à l'ancien propriétaire, puisqu'il est rentré en possession de son bien, ni à l'État, puisqu'il doit acquitter la totalité du milliard.

Accroîtra-t-elle le fonds de réserve? Alors il y aura lieu à une nouvelle répartition comme pour les inscriptions représentatives du prix de biens affectés à des majorats ou à la légion-d'honneur, et qui feraient retour.

*Voy.* préamb., nᵒ. 4.

*Voy.* encore art. 27, nᵒ. 2, et art. 55. § Iᵉʳ.

### Art. LIX.

*En cas de contestation sur le titre* (1), et si l'administration de l'établissement prétend ne pas jouir à titre provisoire, la contestation sera portée devant le ministre de l'intérieur, *sauf le recours devant nous en notre conseil d'état* (2).

(1) Les articles précédens indiquent assez qu'il ne peut y avoir lieu à contestation que sur la question de savoir si le titre est effectivement provisoire.

(2) Cette disposition serait une nouvelle preuve que la connaissance de tout le contentieux administratif demeure réservé au roi en son conseil.

### § II.

De l'impression de l'ordonnance et de la production des actes sous seing privé; de la liquidation de l'indemnité en francs.

### Art. LX.

Les préfets feront imprimer la présente ordonnance au recueil des actes administratifs, et ils y joindront le tableau de dépréciation des assignats et des mandats, qui a été dressé dans chaque département, en exécution de la loi du 23 juin 1797 ( 5 messidor an 5 ) (1).

(1) Ainsi l'ordonnance, déjà insérée au bulletin des lois, aux termes de l'art. 63 ci-après, aura reçu une seconde publicité qui ne permet-

tra à qui que ce soit de prétexter ignorance de ses dispositions, et de se plaindre de la déchéance qu'il aurait encourue par son fait.

En même temps chacun pourra plus facilement vérifier les résultats de la conversion en numéraire du papier-monnaie.

### Art. LXI.

Conformément à la loi du 26 frimaire an 8, relative aux actes à produire pour la liquidation de la dette publique, *les actes sous seing privé* (1), tendant uniquement à la liquidation de l'indemnité, et en tant qu'ils serviront aux opérations de la liquidation, sont dispensés de la formalité du timbre et de l'enregistrement.

Les actes des administrations et ceux de la commission de liquidation sont dispensés des mêmes formalités.

(1) C'est-à-dire la demande afin de liquidation et les actes administratifs, tels que les extraits des procès verbaux d'adjudication dont les originaux se trouvent dans les archives de la préfecture ou de la direction des domaines.

Mais l'exception n'est point applicable, 1°. aux autres actes publics et authentiques, comme aux extraits de l'état civil et aux actes de notoriété, etc.

2°. Aux titres et pièces à produire par les prétendans droit à l'indemnité, pour justifier de leurs qualités, de leurs droits ou de la rentrée en possession de leurs biens confisqués, et conséquemment aux procurations, donations, partages et autres actes de famille. (Circ. du ministre des finances, des 5 et 20 juin.)

A l'égard de l'amende ou du double droit, qui pourrait être encouru, le ministre ajoute que les parties doivent les acquitter en même temps que le droit simple de timbre et d'enregistrement, sauf à elles, si elles se croient fondées à en réclamer la décharge, à se pourvoir à cet effet devant lui dans la forme ordinaire, auquel cas, la présentation de l'acte à l'enregistrement doit être différée jusqu'après la décision.

Pour les droits de succession qui ne devront point être perçus, *voir* le dernier paragraphe de l'art. 7 de la loi.

### Art. LXII.

Conformément à l'art. 9 de la loi du 17 floréal an 7, relative au paiement de la dette publique, l'indemnité sera liquidée en francs, c'est-à-dire, un franc par livre sans modification ni réduction.

### Art. LXIII et dernier.

Notre ministre secrétaire d'état des finances est chargé de l'exécution de la présente ordonnance, qui sera insérée au Bulletin des Lois

DÉPARTEMENT d

*Registre des Demandes en indemnité parvenues à la Pré-*
*fecture du département, servant à constater l'époque*
*de la présentation des demandes et la suite donnée à*
*chaque affaire.*

Le présent registre, ouvert en exécution de l'article 20
de la loi du 27 avril 1825, et contenant
feuillets, celui-ci compris, a été coté et paraphé par nous
secrétaire général de la préfecture du département d
conformément aux dispositions de l'article 5
de l'ordonnance du Roi en date du 1er. mai 1825.

A l'hôtel de la préfecture, le                1825.

## DEMANDES EN INDEMNITÉ.

| DATE et NUMÉRO de l'enregistrement. | NOMS ET PRÉNOMS du PROPRIÉTAIRE dépossédé. | RÉCLAMANS | | PIÈ |
| --- | --- | --- | --- | --- |
| | | NOMS, PRÉNOMS et domicile élu dans le département. | QUALITÉ sur laquelle la demande est fondée. | jointes à de la de et date transm au dir des do |
| | | | | |

## SUITE ET RÉSULTAT DES DEMANDES.

| | | REMARQUES et OBSERVATIONS. |
|---|---|---|
| Résultat du bordereau établi par le directeur des domaines. — Ordonnance, art. 20 et suiv ns. | Nombre des pièces jointes. . . . . . .<br>Montant brut de l'indemnité. . . . . .<br>Passif à déduire d'après l'état de déduction transmis par le directeur général de l'administration des domaines. . .<br>Résultat. . . . . . . . .<br>Date de la réception du bordereau à la préfecture. | |
| Communication du bordereau aux reclamans. — Ordonnance, art. 34 et suivans. | Date de l'envoi par le préfet au réclamant.<br>Date de la réception à la préfecture des mémoires et observations adressées par les reclamans. | |
| Avis du conseil de préfecture. — Ordonnance, art. 36 et suivans. | Date des avis du conseil<br>Date de la communication aux parties.<br>Date de l'envoi au ministre, et indication des pièces jointes | |
| Liquidation par la commission. — Ordonnance. art. 41 et suivans. | Date des décisions intervenues.<br>Résultat en rentes de la liquidation.<br>Date de la notification aux réclamans<br>Date de la réception à la préfecture des déclarations à faire par les reclamans.<br>Date de la transmission de ces déclarations au ministre (1). | |

Vu pour être annexé à l'ordonnance du Roi en date du 1<sup>er</sup>. mai 1825.

*Le ministre secrétaire d'état des finances,*

*Signé,* J<sub>H</sub>. DE VILLÈLE.

(1) D'après ce que nous avons dit ( art. 6, n°. 1 ), il y aurait lieu encore, en cas de pourvoi, de faire mention 'de l'arrêt qui interviendrait, puisque la demande de pourra pas avoir d'autre résultat.

# LOI

*Concernant l'indemnité à accorder aux anciens propriétaires des biens-fonds confisqués et vendus au profit de l'État en vertu des lois sur les émigrés, les condamnés et les déportés.*

À Paris, le 27 avril 1825.

CHARLES, etc.

## TITRE Ier.

### De l'allocation et de la nature de l'indemnité.

#### ART. Ier. (1).

Trente millions de rente, au capital d'un milliard, sont affectés à l'indemnité due par l'etat aux Français dont les biens-fonds, situés en France, ou qui faisaient partie du territoire de la France, au 1er. janvier 1792, ont été confisqués et aliénés en exécution des lois sur les émigrés, les déportés et les condamnés révolutionnairement.

Cette indemnité est définitive; et, dans aucun cas, il ne pourra y être affecté aucune somme excédant celle qui est portée au présent article

---

(1) *V.* pour cet article le préambule de l'ordonnance.

## Art. II

Pour les biens-fonds vendus en exécution des lois qui ordonnent la recherche et l'indication préalable du revenu de 1790, ou du revenu valeur de 1790, l'indemnité consistera en une inscription de rente trois pour cent sur le grand-livre de la dette publique, dont le capital sera égal à dix-huit fois le revenu, tel qu'il a été constaté par les procès verbaux d'expertise ou d'adjudication.

Pour les biens-fonds dont la vente a été faite en vertu des lois antérieures au 12 prairial an III, qui ne prescrivaient qu'une simple estimation préalable, l'indemnité se composera d'une inscription de rente trois pour cent sur le grand-livre de la dette publique, dont le capital sera égal au prix de vente réduit en numéraire au jour de l'adjudication, d'après le tableau de dépréciation des assignats, dressé, en exécution de la loi du 5 messidor an V, dans le département où était située la propriété vendue.

Lorsque le résultat des liquidations aura été connu, les sommes restées libres sur les trente millions de rente déterminés par l'article 1er. seront employées à réparer les inégalités qui auraient pu résulter des bases fixées par le présent article, suivant le mode qui sera réglé par une loi.

## Art. III.

Lorsqu'en exécution de l'article 20 de la loi du 9 floréal an III, les ascendans d'émigrés auront acquis, au prix de l'estimation déclarée, les portions de leurs biens-fonds attribuées à l'état par le partage de présuccession, le montant de l'indemnité sera égal à la valeur réelle des sommes qui auront été payées : en conséquence, l'échelle de dépréciation des départemens pour les assignats et les mandats, et le tableau du cours pour les autres effets reçus en paiement, seront appliqués à chacune des sommes versées, à la date du versement.

L'indemnité sera délivree à l'ascendant s'il existe, et, à son défaut, à celui ou à ceux de ses héritiers qui, par les arrangemens de famille, auront supporté la perte.

Lorsque l'état aura reçu d'un aîné ou autre héritier institué le prix des légitimes que des légitimaires frappés de confiscation avaient droit de réclamer en biens-fonds, le montant, réduit de la somme payée pour prix de cette portion légitimaire, sera restitué à ceux qui y avaient droit ou qui les représentent.

## Art. IV.

13
14
25
26
Lorsque les anciens propriétaires seront rentrés en possession des biens confisqués sur leur tête, après les avoir acquis de l'état directement ou par personnes interposées, l'indemnité sera fixée sur la valeur réelle payée à l'état, conformément aux règles établies par l'article 3.

Lorsque, par les mêmes moyens, ils les auront rachetés à des tiers, l'indemnité sera égale aux valeurs réelles qu'ils justifieront avoir payées, sans que, dans aucun cas, elle puisse excéder celle qui est déterminée par l'article 2. A défaut de justification, ils recevront une somme égale aux valeurs réelles formant le prix payé à l'état.

Dans les deux cas ci-dessus, les ascendans, descendans

ou femme de l'ancien propriétaire seront réputés personnes interposées.

Lorsque les héritiers de l'ancien propriétaire seront rentrés directement dans la possession des biens confisqués
sur lui, l'indemnité à laquelle ils auraient droit sera fixée
de la même manière.

### Art. V.

Les rentes trois pour cent, affectées à l'indemnité,
seront inscrites au grand-livre de la dette publique, et
délivrées à chacun des anciens propriétaires, ou à ses représentans, par cinquième, et d'année en année, le premier cinquième devant être inscrit le 22 juin 1825.

L'inscription de chaque cinquième portera jouissance
des intérêts du jour auquel elle aura dû être faite, à
quelque époque que la liquidation ait été terminée et la
délivrance opérée.

Néanmoins les liquidations donnant droit à des inscriptions inférieures à deux cent cinquante francs de rente
ne seront pas soumises aux délais prescrits ci-dessus.
L'inscription en aura lieu en totalité et avec jouissance
du 22 juin 1825.

### Art. VI.

Pour l'exécution des dispositions ci-dessus, il est ouvert au ministre des finances un crédit de trente millions
de rente trois pour cent, qui seront inscrits, savoir :

六 six millions, le 22 juin 1825 ;
six millions, le 22 juin 1826 ;
six millions, le 22 juin 1827 ;
six millions, le 22 juin 1828 ;
et six millions, le 22 juin 1829 ;

avec jouissance , pour les rentes inscrites , du jour où leur inscription est autorisée.

# TITRE II.

### De l'admission à l'indemnité, et de sa liquidation.

#### Art. VII.

5
8 Seront admis à réclamer l'indemnité, l'ancien propriétaire, et, à son defaut, les Français qui étaient appelés par la loi ou par sa volonté à le représenter à l'époque de son décès, sans qu'on puisse leur opposer aucune incapacité résultant des lois révolutionnaires.

Leurs renonciations ne pourront leur être opposées que par les héritiers qui, à leur défaut, auraient accepté la succession.

Il ne sera dû aucun droit de succession pour les indemnités réclamées dans les cas du présent article et de l'article 3.

#### Art. VIII.

4
5
19
20
32
33
34
35
37
38 Pour obtenir l'indemnité , les anciens propriétaires ou leurs représentans se pourvoiront devant le préfet du département où sont situés les biens-fonds vendus. Le préfet transmettra la demande au directeur des domaines du département, qui dressera le bordereau d'indemnité conformément aux dispositions précédentes.

Le bordereau sera communiqué aux réclamans, ensuite adressé par le préfet au ministre des finances, avec les pièces produites : il y joindra son avis motivé, qui portera tant sur les droits et qualités des réclamans que sur les énonciations du bordereau et les observations ou réclamations qu'il aurait reçues.

## Art. IX.

Le ministre des finances vérifiera , 1°. s'il n'a pas été payé de soultes ou de dettes à la décharge du propriétaire dépossédé ; 2°. s'il ne lui a pas été compté, en exécution de la loi du 5 décembre 1814 , des sommes provenant de reliquats de décompte de la vente de ses biens; 3°. s'il ne s'est pas opéré de compensations pour les sommes dues par lui au même titre ; 4°. si quelques-uns des biens vendus sur lui ne provenaient pas d'engagemens ou autres aliénations du domaine royal qui n'auraient été maintenus par les lois des 14 ventôse an VII et 28 avril 1816 , qu'à la charge de payer le quart de la valeur desdits biens ; auquel cas il sera fait déduction du quart sur l'indemnité due pour les mêmes biens.

Il sera dressé un état des déductions à opérer, dans lesquelles ne seront pas compris les sommes payées à titre de secours aux femmes et enfans, les gages de domestiques, et autres paiemens de même nature , faits en assignats , et en exécution des lois des 8 avril 1792 et 12 mars 1793.

Quel que soit le total de ces déductions, il ne pourra diminuer l'affectation des trente millions de rente fixés par l'article 1er.

## Art. X.

Le bordereau d'indemnité et l'état des déductions eront transmis par le ministre des finances à une commission de liquidation nommée par le Roi.

## Art. XI.

46 La commission procédera d'abord à la reconnaissance des qualités et des droits des réclamans.

Dans le cas où elle jugerait la justification irrégulière ou insuffisante, elle les renverra devant les tribunaux pour faire statuer sur leur qualité contradictoirement avec le procureur du Roi.

S'il s'élève entre les réclamans des contestations sur leurs droits respectifs, la commission les renverra également à se pourvoir devant les tribunaux pour faire prononcer sur leurs prétentions, le ministère public entendu.

Il y sera statué comme en matière sommaire, à moins qu'il ne s'élève quelque question d'état.

## Art. XII.

34
47 Quand la justification des qualités aura été reconnue suffisante, ou quand il aura été statué par les tribunaux, la commission ordonnera qu'il sera donné copie aux ayant droit, des bordereaux dressés dans les départemens, et de l'état des déductions proposées par le ministre des finances ; et elle procédera à la liquidation , après avoir pris connaissance de leurs mémoires et observations.

## Art. XIII.

48
49
50 La liquidation opérée , la commission donnera avis de sa décision aux ayant-droit, et la transmettra au ministre des finances, qui fera opérer l'inscription de la rente, pour le montant de l'indemnité liquidée , dans les termes et délais qui ont été prescrits.

### Art. XIV.

Les ayant droit pourront se pourvoir contre la liqui- 51
dation de la commission devant le Roi en son Conseil
d'état, dans les formes et dans les délais fixés pour les
affaires contentieuses.

La même faculté est réservée au ministre des finances.

# TITRE III.

#### Des déportés et des condamnés.

### Art. XV.

Les dispositions précédentes seront applicables aux 3
biens confisqués et aliénés au préjudice des individus 4
déportés ou condamnés révolutionnairement. 5

Sera déduit de l'indemnité le montant des bons au
porteur donnés en remboursement aux déportés et aux
familles des condamnés, en exécution des décrets des 21
prairial et 22 fructidor an III, réduit en numéraire
au cours du jour où la remise leur en a été faite.

# TITRE IV.

#### Des biens affectés aux hospices et autres établissemens de bienfaisance, et des biens concédés gratuitement.

### Art. XVI.

Les anciens propriétaires des biens donnés aux hospi- 5
ces et autres établissemens de bienfaisance, soit en rem- 27
placement de leurs biens aliénés, soit en paiement de
sommes dues par l'état, auront droit à l'indemnité ci-

dessùs réglée. Cette indemnité sera égale au montant de l'estimation en numéraire faite avant la cession.

## Art. XVII.

En ce qui concerne les biens qui n'ont été que provisoirement affectés aux hospices et autres établissemens de bienfaisance, et qui, aux termes de l'article 8 de la loi du 5 décembre 1814, doivent être restitués lorsque ces établissemens auront reçu un accroissement de dotation égal à la valeur de ces biens, les anciens propriétaires ou leurs représentans pourront en demander la remise, aussitôt qu'ils auront transmis à l'hospice détenteur une inscription de rente trois pour cent dont le capital sera égal au montant de l'estimation qui leur est due à titre d'indemnité.

En ce qui concerne les biens définitivement et gratuitement concédés par l'état, soit à d'autres établissemens publics, soit à des particuliers, l'indemnité due aux anciens propriétaires sera réglée conformément à l'article 16 ci-dessus. A défaut d'estimation desdits biens antérieure à la cession qui en a été faite, ils seront estimés contradictoirement et par experts, valeur de 1790.

# TITRE V.

### Des droits des créanciers relativement à l'indemnité.

## Art. XVIII.

Les oppositions qui seraient formées à la délivrance de l'inscription de rente par les créanciers des anciens propriétaires, porteurs de titres antérieurs à la confiscation, non liquidés et non payés par l'état, n'auront d'effet que pour le capital de leurs créances. Les anciens propriétaires ou leurs représentans auront droit de se libérer des causes de ces oppositions*, en transférant auxdits créanciers, sur le montant de la liquidation en rente de trois pour cent, un capital nominal égal à la dette réclamée.

Ces créanciers exerceront leurs droits suivant le rang des priviléges et hypothèques qu'ils avaient sur les immeubles confisqués (1).

L'ordre ou la distribution seront faits, s'il y a lieu, quel que soit le juge de la situation desdits biens, devant le tribunal du domicile de l'ancien propriétaire, ou devant le tribunal dans le ressort duquel la succession s'est ouverte (2).

(1) Cetté disposition n'est que l'application de ce principe, que l'indemnité étant représentative du prix des immeubles confisqués, ce prix ne peut être enlevé aux créanciers qui, par l'effet de leur hypothèque, avaient à exercer un droit réel sur ces immeubles.

Il avait été proposé de déterminer un délai dans lequel les créanciers seraient tenus de former opposition; mais cet amendement fut rejeté sur cette observation de M. le garde des sceaux, qu'il importait de ne point suspendre le cours des liquidations.

(2) La loi déroge ainsi au droit commun d'a-

près lequel, et attendu que la matière est toute réelle, l'ordre doit être porté devant les tribunaux respectifs de la situation des biens.

Il résulterait encore des explications données par M. Pardessus, que l'ordre de la totalité des biens devra être fait devant le tribunal du domicile de l'ancien propriétaire, *s'il est vivant*, et s'il est décédé, devant le tribunal du lieu de sa succession.

Il suffira aux créanciers, porteurs de titres authentiques antérieurs à la confiscation, de former opposition avant la délivrance de l'inscription, pour conserver l'exercice de leurs droits et de leurs priviléges, tel que celui de la séparation de patrimoine.

Le règlement des ordres pourra donner lieu à une difficulté. L'imputation des dettes s'opère sur la masse de l'indemnité due à raison des différens biens.

Dans le cas où l'un d'eux aurait té g re vé d'affectations spéciales, il y aurait donc nécessité de reconnaître pour quelle somme il est entré dans le total de l'indemnité.

Pour les créanciers chyrographaires, *Voy*. art. 56 de l'ordonnance.

# TITRE VI.

### Des délais pour l'admission.

### Art. XIX.

Les réclamations tendant à obtenir l'indemnité devront être formées, à peine de déchéance, dans les délais suivans, savoir :

Dans un an, par les habitans du royaume ;

Dans dix-huit mois, par ceux qui se trouvent dans les autres états de l'Europe ;

Dans deux ans, par ceux qui se trouvent hors d'Europe.

Ces délais courent du jour de la promulgation de la présente loi.

### Art. XX.

Il sera ouvert dans chaque préfecture un registre spécial où seront inscrites, à leur date, les réclamations qui auront été adressées au préfet, ainsi que le résultat de chacune des liquidations, lorsqu'elle aura été terminée.

Des extraits régulièrement certifiés de ce registre seront délivrés à toutes personnes qui auront intérêt à les réclamer.

# TITRE VII.

### Dispositions générales.

### Art. XXI.

Il sera annuellement distribué aux Chambres, avec les projets de loi des comptes, des états détaillés de toutes les liquidations arrêtées conformément aux dispositions de la présente loi, pendant l'exercice auquel se rapporteront ces projets (1).

(1) Cette disposition fut ajoutée au projet de loi pour que les chambres pussent connaître et apprécier l'état des liquidations, les inégalités qui seraient résultées de l'application des bases générales posées par l'article 2. Elle aura l'avantage de ramener l'attention sur le meilleur mode à employer pour la répartition du fonds de réserve.

### Art. XXII.

Pendant cinq ans, à compter de la promulgation de la présente loi, *tous actes translatifs* (1) de la propriété de biens confisqués sur les émigrés, les déportés et les condamnés révolutionnairement, et qui seraient passés entre le propriétaire actuel desdits biens et l'ancien propriétaire ou ses héritiers seront enregistrés moyennant un droit fixe de trois francs.

(1) « La commission, » disait M. Portalis à la chambre des pairs, « a été amenée à penser » qu'une disposition qui ne peut avoir pour » objet que de faciliter les *transactions* libres, » volontaires et amiables entre les anciens et » les nouveaux propriétaires, ne doit pas être » considérée comme contraire à l'art. 9 de la » Charte. »

Il ne s'agit plus ici de liquidation d'indemnité, ni de répartition du fonds commun.

Une matière toute nouvelle se présente, et se présente parce que le caractère de la loi est tout politique.

Après avoir transigé d'autorité entre l'état et le propriétaire dépossédé, entre celui-ci et ses créanciers (*voy.* art. 56 de l'ord., n°. 1.), elle intervient dans les transactions possibles entre les anciens et les nouveaux propriétaires, non pour commander, mais pour favoriser les conventions libres et volontaires que des considérations extra-légales pourraient déterminer.

Sa disposition apparaît comme renfermée dans un seul de ses articles fort court et qui n'en développe ni les principes, ni les conséquences. L'ordonnance est muette à cet égard. Le législateur semble n'avoir désiré se montrer que pour affranchir du droit proportionnel d'enregistrement, des transactions dans le fond desquelles il ne doit ni ne veut entrer. Il abandonne le texte aux commentateurs, et il n'en est pas de plus digne de leur attention.

En effet, placé à la suite des dispositions qui résolvent les titres des anciens propriétaires en un droit d'indemnité et déterminent les limites et les formes de l'exercice de ce droit, l'article dont il s'agit précède presque immédiatement le dernier article de la loi qui rappelle et consolide les garanties en faveur des nouveaux propriétaires.

Ainsi, après avoir affermi la propriété dans leurs mains, en désintéressant les anciens propriétaires, autant que la raison d'état et les ressources du crédit le permettaient; après avoir opéré, la *fixité légale*, le législateur prévoit seulement le cas des *mutations volontaires* : mais son but se laisse à peine entrevoir; il est utile à l'état comme aux particuliers de le mettre à découvert.

Antérieurement à l'indemnité, l'ancien propriétaire privé de la faculté d'une action légale semblait ne conserver, pour rentrer en possession, qu'une sorte d'action morale que même le plus souvent il ne pouvait exercer, faute de pouvoir payer un prix de rachat.

L'indemnité a le double effet, d'une part d'écarter sans retour tout espoir d'action légale, et d'affaiblir dès lors, si elle ne la détruit, l'action morale; de l'autre part, de donner en dédommagement, à cet ancien propriétaire, la possibilité de faire des sacrifices pour recouvrer sa propriété.

Elle le dispose naturellement à des transactions; le temps l'y disposera encore en lui montrant presque partout à la place de l'acquéreur primitif des héritiers, des tiers-acquéreurs et d'autres détenteurs à tant de titres divers, qui, peut-être, n'étaient pas nés à l'époque de la confiscation.

D'un autre côté, les nouveaux propriétaires ou leurs ayant-causes dont les garanties sont désormais immuables, peuvent être flattés de faire librement ce qu'ils n'auraient pas fait s'il eût fallu paraître céder à la crainte, et ils peuvent aussi trouver dans un honorable traité des moyens d'améliorer leur position sociale sous les rapports moraux, comme sous les rapports d'intérêt.

Il est enfin une considération qui peut, dans certains cas, amener des transactions pour éviter des procès.

Ce sont les *biens vendus* dont la propriété est consolidée dans les mains des propriétaires actuels.

Mais nos lois ont laissé et dû laisser aux anciens propriétaires le droit de réclamer *les biens non vendus*, et plusieurs ont revendiqué, à ce titre, des portions ou parcelles d'héritage.

De là trois espèces de décisions consacrées

par la jurisprudence des conseils de préfecture
et du conseil d'état.

Si par les actes administratifs *les limites* sont
clairement déterminées, la parcelle est con-
servée à l'acquéreur ou rendue à l'ancien propriétaire selon qu'elle se trouve ou non dans
ces limites.

Si les actes administratifs sont insuffisans
pour déterminer la position de l'objet litigieux,
par rapport au bien vendu, l'ordonnance du
roi contient la déclaration textuelle de ce que
l'état a vendu, et renvoie la question de bor-
nage aux tribunaux.

Ces procès, qui roulent souvent sur une
pièce de terre ou sur des bâtimens de peu de
valeur, sont également dispendieux et fâcheux
pour l'ancien et le nouveau propriétaire, qui
se trouvent en présence et en état d'hostilité
devant l'administration et devant les tribunaux. Ils tendent à perpétuer, à envenimer les
dissensions sociales, et, sous ce point de vue,
ils ne sont pas moins contraires aux intérêts de
l'état qu'à ceux des particuliers.

Ce genre de transactions, utiles au public
comme aux parties intéressées, suffirait seul
pour expliquer et justifier l'article de la loi
que nous analysons.

Nous ne croyons pas que les discussions de tribune puissent porter préjudice au but que la loi s'est proposé. Lors de ces discussions, la transaction légale a été précédée, comme le sont les transactions privées, de récriminations presque inévitables quand l'arrangement a lieu entre des parties déjà aigries.

Mais des sentimens de bienséance, des raisons de convenance, la possibilité des remplois, des changemens de position, l'intervention d'amis communs, et surtout le caractère français qui répugne à des haines invétérées, rendront, nous l'espérons, les transactions plus faciles.

La raison d'état qui a prescrit de les favoriser, commanderait aussi d'étendre, au lieu de la restreindre, l'application de l'article 22.

On devrait donc l'appliquer non-seulement aux cas où la propriété rentre aux mains de l'ancien propriétaire, mais encore à ceux où il transige sur ses droits litigieux avec le nouveau.

On devrait l'étendre à l'ancien propriétaire qui traite directement avec le nouveau pour un tiers, et fait déclaration de command au profit de ce dernier. L'interposition du premier peut augmenter beaucoup le nombre de ces ventes. On objectera sans doute que le droit de mutation remis à l'ancien propriétaire pour lui-même n'est pas remis aux tiers-acquéreurs, lorsque l'ancien n'est que leur mandataire. Mais il nous semble qu'on ne peut confondre l'ancien propriétaire passant une déclaration *de command* avec le *mandataire* ordinaire.

Celui-ci traite pour son mandant; il est étranger à la propriété qui ne repose pas un instant sur sa tête.

Mais celui-là traite évidemment pour son compte. Sa position se refuse à l'idée que, s'il n'y avait pas intérêt, il se prêtât à la revente de ses anciennes propriétés, et que, pour se servir de l'expression des auteurs, il en passât *déclaration d'ami* à une tierce personne. D'un autre côté, il ne peut être considéré comme absolument étranger à la transmission de son ancienne propriété, momentanément rentrée dans ses mains, et il n'y aurait pas, dès lors, à lui appliquer l'espèce de fiction d'après laquelle celui qui acquiert, mais fait une déclaration de command dans le délai de la loi, est censé n'avoir jamais possédé.

S'il y a lieu d'expliquer ainsi la nature de ce contrat, particulier aux circonstances qui en sont la cause, n'y a-t-il pas justice dans un cas comme celui-ci, où l'intérêt fiscal est dominé de si haut par l'intérêt politique?

Cet intérêt ne pouvait manquer d'être apprécié par M. le ministre des finances. Déjà, par sa circulaire du 7 juillet, il a déclaré que l'article 22 de la loi s'étendait même aux actes passés antérieurement à sa promulgation entre les anciens et les nouveaux propriétaires.

Cette mesure, si conforme à l'esprit de la loi, nous confirme encore dans l'opinion que nous venons d'émettre.

### Art. XXIII.

La qualité d'étrangère ou d'étranger ne pourra être opposée, relativement à l'exécution de la présente loi, aux Françaises veuves ou descendantes d'émigrés, de déportés ou de condamnés révolutionnairement, lesquelles auraient contracté mariage avec des étrangers antérieurement au 1er. avril 1814, ni à leurs enfans nés de pères ayant joui de la qualité de Français.

5
9
10

### Art. XXIV et dernier.

L'article 1er. de la loi du 5 décembre 1814 continuera de sortir son plein et entier effet · en conséquence, aucune des dispositions de la présente loi ne pourra préjudicier en aucun cas aux droits acquis avant la publication de la Charte constitutionnelle, et maintenus par ledit article, soit à l'état, soit à des tiers, ni donner lieu à aucun recours contre eux (1).

(1) « Cette disposition spéciale ( disait M. le » comte Portalis), en la proposant pour amen- » dement, est d'autant plus nécessaire, que la » loi actuelle étend les effets de la réhabilita- » tion des émigrés ; qu'elle les affranchit sans » réserve de l'interdiction dont ils avaient été » frappés ; qu'elle reconnaît qu'ils n'ont jamais » cessé d'être en possession de leurs droits, » puisqu'elle constate que l'indemnité leur » était due avant de leur être allouée ; qu'elle » ordonne l'exécution de leurs testamens, à » quelque époque que la succession se soit ou- » verte, et qu'elle les considère comme éga- » lement habiles à succéder dans tous les » temps. »

Ces motifs, développés dans la discussion de la chambre des pairs et présentés sous de nou- veaux aspects dans le rapport fait par suite à la chambre des députés, ont déterminé l'adop- tion des deux chambres et le consentement du roi.

Cet amendement avait été d'ailleurs com-

battu, moins en lui-même que comme inutile;
et, dans le doute, il a été bien en effet d'ôter
tout prétexte aux plaintes, tout sujet aux vai-
nes espérances, aux instances inadmissibles et
dispendieuses que la moindre incertitude eût
fait naître.

Nous l'avons déjà dit (art. 28, n°. 1), l'art. premier de la loi du 5 décembre a été constamment entendu et appliqué dans ce sens, que
les actes qu'il maintient ne peuvent être exa-
minés que dans leurs caractères extérieurs, et
que du moment où ils portent le cachet de
l'autorité qui avait le droit de les souscrire, on
ne peut plus les apprécier sous le rapport ni
de la forme, ni du fond. Toute autre jurisprudence eût rendu illusoires les dispositions de
cet article. La plupart de ces actes, intervenus
en des temps de violence et de désordre, ont
été rendus sans respect ni des formes ni de
l'équité. La loi les a maintenus, non parce
qu'ils sont justes et réguliers, mais parce
que leur examen remettrait tout en question;
car ils ont statué sur la propriété, sur l'état des
personnes, sur tout en un mot, et cette discussion, si on la permettait, troublerait l'état
et les familles en sens invers et aussi profon-

dément que les désordres et les injustices des temps auxquels ils se rattachent.

C'est ainsi que la raison d'état domine les dernières comme les premières dispositions de la loi.

L'auteur de cet Essai ne le terminera pas sans répéter que son unique but a été de présenter des observations qui pussent être de quelque utilité : il s'estimerait heureux de l'avoir atteint en partie.

S'il a cru devoir, sur certains points, émettre une opinion qui lui est particulière, il la soumet aux lumières de la haute administration, investie de la confiance du roi, cette administration, par une scrupuleuse justice non moins que par une prompte exécution, assurera le succès et recueillera l'honneur d'une des plus grandes liquidations politiques dont les annales des peuples puissent offrir l'exemple.

# TABLES
## DES MATIÈRES.

*Nota.* La division en deux tables a paru nécessaire.

La première, qui comprend exclusivement la loi et l'ordonnance, renvoie aux articles respectifs de l'une et de l'autre; et, afin de les distinguer, la lettre L indique ceux de la loi, et la lettre O ceux de l'ordonnance.

La seconde renvoie, par l'indication de la page, aux annotations qui se rapportent à ces divers articles.

# TABLE
## DE LA LOI ET DE L'ORDONNANCE.

Aᴅᴍɪɴɪsᴛʀᴀᴛɪᴏɴ ( des domaines). Donne son avis sur les bordereaux d'indemnité et sur les mémoires des parties qui lui sont transmis par le ministre. O. 4o, 44. V. *Directeur général et particulier des domaines.*

Aɴᴄɪᴇɴ ᴘʀᴏᴘʀɪᴇ́ᴛᴀɪʀᴇ. Comment il justifie de sa qualité. O. 7. V. *Demandes.*

Aʀᴄʜɪᴠᴇs (de département). Comment leur destruction doit être constatée, et comment il est suppléé aux actes administratifs pour la formation des bordereaux d'indemnité. O. 29. V. *Bordereau, Préfet.*

Asᴄᴇɴᴅᴀɴs. Ce qui leur est dû ou à leur ayant-cause, pour rachat de biens par partage de présuccession. L. 3. O. 23. — Justifications et déclarations qu'ils ont à rapporter. O. 11. V. *Bordereau d'indemnité, Demandes, Personnes interposées.*

Assɪɢɴᴀᴛs. Les paiemens faits en papier-monnaie sont réduits en numéraire d'après le tableau de leur dépréciation. L 2, 3, 4. O. 22, 23, 24, 25, 26. — Les préfets doivent le faire imprimer. O. 6o. V. *Bordereau d'indemnité.*

Aᴜᴛᴏʀɪᴛᴇ́ ᴄᴏᴍᴘᴇ́ᴛᴇɴᴛᴇ. Cas où il est renvoyé devant elle pour statuer sur les droits et qualités des réclamans. L. 11. O. 46. — Comment il est statué en cas de contestation sur le provisoire d'un titre de concession à des établissemens de bienfaisance. O. 57, 58, 59. V. *Commission.*

Avis à donner en matière de liquidation et de lésion. V. *Administration et directeur des domaines*, *Commission*, *Conseil de préfecture*, *Préfet*.

Aʏᴀɴᴛ-ᴅʀᴏɪᴛ. V. *Réclamans*.

Bᴏɴs ᴀᴜ ᴘᴏʀᴛᴇᴜʀ. Comment le montant en est réduit en numéraire. L. 15. O. 3. V. *Condamnés*, *Déductions*.

Bᴏʀᴅᴇʀᴇᴀᴜ ( d'indemnité ). Est communiqué aux réclamans. L. 8. O. 34.

Quelles énonciations il doit contenir ;
Quelles sont les bases de la liquidation ;
Pour les biens-fonds vendus d'après les lois prescrivant l'indication du revenu de 1790. L. 2. O. 21 ;
Pour ceux vendus en vertu des lois antérieures au 12 prairial an III. L. 2. O. 22 ;
Pour ceux provenant de partage de présuccession , ou qui pouvaient être réclamés par des légitimaires. L. 3. O. 23 ;
Pour ceux que l'ancien propriétaire a rachetés directement de l'état ou par personnes interposées. L. 4. O. 24 ;
Pour ceux que les héritiers auraient acquis directement de l'état. L. 4. O. 25 ;
Pour ceux que d'anciens propriétaires auraient rachetés à des tiers soit directement , soit par interposition , ou qui auraient été rachetés de ces tiers par les héritiers. L. 4. O. 26 ;

Pour les biens concédés aux établissemens de bienfaisance. L. 16, 17. O. 27 ;

Et pour les biens gratuitement concédés à d'autres établissemens publics ou à des particuliers. L. 17. O. 28.

Énonciation, dans le bordereau, du décompte des biens
vendus dans le même département ; énonciations particulières aux réclamations des représentans de l'ancien propriétaire. O. 30. — Mention à y faire des
sommes dues par l'ancien propriétaire ou par le réclamant. O. 31. — Les pièces à l'appui peuvent être
communiquées aux parties. O. 32.

V. *Administration des domaines*, *Archives de département*,
*Demandes*, *Directeur général et particulier des domaines*.

Commission (de liquidation). Son organisation. O. 41,
42, 43. — Énonciation des pièces qui doivent lui être
remises par le ministre des finances. L. 10 O. 44. —
Elle en consigne la communication sur un registre, et
examine les réclamations dans l'ordre de leur transmission. O. 45. — Vérifie les qualités et droits,
et renvoie, s'il y a lieu, devant l'autorité compétente.
L. 11. O. 46. — Quand et comment elle liquide l'indemnité. L. 12. O. 47. — Forme et communication
de ses délibérations. L. 12, 13. O. 48, 49.

Comment elle examine les lésions, fixe le total des liquidations, présente le rapport de ses travaux avec le tableau
de la situation relative des indemnisés. L. 2. O. 55.

V. *Administration des domaines*, *Bordereau d'indemnité*,
*Lésion*, *Ministre des finances*, *Préfet*.

COMMUNICATIONS. V. *Bordereau, Commission, Ministre des finances, Préfet, Réclamant.*

CONCESSIONS gratuites (à des particuliers ou établissemens publics autres que de bienfaisance) ; quelles sont les bases de l'indemnité, les formes à suivre. L. 17. O. 28. V. *Bordereau d'indemnité, Établissemens de bienfaisance.*

CONDAMNÉS et déportés. Dispositions et déductions qui leur sont particulières. L. 15. O. 3. V. *Bordereau d'indemnité, Émigrés.*

CONSEIL DE PRÉFECTURE. Assiste le préfet lors des avis qu'il donne. O. 35, 36 et 37. —Il se réunit au moins trois fois par semaine ; ses avis consignés sur un registre ; O. 39. V. *Préfet.*

CONSEIL D'ÉTAT. V. *Autorité compétente, Pourvoi.*

CONTESTATIONS. V. *Autorité compétente, Commission.*

CRÉANCIERS. Comment leurs droits sont restreints et s'exercent. L. 18.
Formes de leurs oppositions. O. 56.

DÉCHÉANCE. Quand elle est encourue. L. 19. — Formalites pour la constater lors de la clôture du registre. O. 17.
Justifications à rapporter pour les demandes formées.

après les délais d'un an à dix-huit mois, et de dix-huit
mois à deux ans. O. 18. V. *Demandes.*

Décomptes (reliquat de). V. *Déductions ( État des ) , Directeur général.*

Déductions. État à en dresser. Elles ne peuvent réduire le
capital affecté aux indemnités. L. 9. O. 2, 3, 31.
V. *Ministre des finances , Bordereau d'indemnité, Directeur général.*

Délais. V. *Déchéance , Pourvoi.*

Demandes. Quelles personnes sont habiles à les former et
à les recevoir. L. 8. O. 5. — Énonciations et déclarations qu'elles doivent contenir. O. 6. —Justifications
particulières suivant la qualité des personnes. O. 7,
8 , 9 , 10, 11 , 12 , 13 , 14 , 15. —Formes et visa de
leur inscription. L. 20. O. 16.
Analyse et résultat des demandes. Voir le tableau modèle
annexé à l'ordonnance.
V. *Ancien propriétaire, Ascendans, Bordereau, Directeur
des domaines, Héritiers ou représentans , Légitimaires ,
Préfet, Rachat , Registres , Veuve ou Enfans, etc.*

Déportés. V. *Condamnés , Émigrés.*

Descendantes ( d'émigrés). V. *Veuves.*

Dettes. V. *Bordereau d'indemnité , Déduction , Directeur
général , Ministre des finances.*

Dɪʀᴇᴄᴛᴇᴜʀ particulier (des domaines). Procède d'office à la liquidation, et comment. O. 1. — Il dresse le bordereau sur la demande à lui transmise. L. 8. O. 19. — Dans l'ordre des inscriptions sur le registre de la préfecture. O. 20. — Comment il le transmet avec ses observations au préfet. O. 33. V. *Bordereau d'indemnité*, *Directeur général.*

Dɪʀᴇᴄᴛᴇᴜʀ (général des domaines). Il transmet aux directeurs particuliers l'état des dettes et des soultes payées, des décomptes, des bons au porteur, et leur prescrit des recherches pour les domaines engagés. O. 3. V. *Administration des Domaines, Directeur particulier, Ministre des Finances.*

Dᴏᴍᴀɪɴᴇs engagés. V. *Directeur général des Domaines.*

Dʀᴏɪᴛs et qualités. V. *Autorité compétente, Bordereau, Demandes.*

Eᴍɪɢʀᴇs. Les émigrés, déportés ou condamnés révolutionnairement ont droit à l'indemnité. L. 1, préambule de l'Ordonnance.

Eɴғᴀɴs d'émigrés. V. *Personnes interposées, Veuves.*

Eɴʀᴇɢɪsᴛʀᴇᴍᴇɴᴛ ( droit d' ). Comment réduit lors des transactions entre les anciens et nouveaux propriétaires. L. 22. — Quels actes en sont dispensés. Q. 61.

Éᴛᴀʙʟɪssᴇᴍᴇɴs de bienfaisance. Fixation de l'indemnité pour les concessions définitives et provisoires. L. 16.

17. O. 27. —Comment, en cas de concession provisoire, l'ancien propriétaire peut rentrer en possession. Comment jugées les contestations sur le titre. L. 17. O. 27, 57, 58 et 59. V. *Bordereau d'indemnité.*

Établissemens publics. V. *Concessions.*

Étrangers. A quelles personnes la qualité d'étrangers ne peut être opposée. L. 23. O. 5, 9, 10. V. *Demandes.*

Femmes. V. *Personnes interposées, Veuves.*

Français. L'indemnité n'est due qu'aux Français. L. 1. O. préamb. V. *Veuves.*

Héritiers (ou représentans). Comment ils justifient de leurs qualités. L. 7. O. 8. V. *Demandes, Réclamans, Veuves.*

Hospices. V. *Etablissemens de bienfaisance.*

Impossibilité. En cas d'impossibilité de justification de sommes payées pour rachat, déclaration à faire. O. 15.

Indemnité. Allouée par l'État aux Français déportés et condamnés révolutionnairement; pour quels biens; elle est définitive. L. 1. O. préamb. — Par qui elle peut être réclamée. L. 7. O. 5. — Comment elle doit

Tètre. L. 8. O. 5. — Dans quel cas de dix-huit fois le revenu ; dans quel autre du capital du prix numéraire de la vente. L. 2. O. 21 , 22.

Fixation de l'indemnité pour biens concédés provisoirement ou définitivement à des particuliers, à des établissemens de bienfaisance ou autres. L. 16 et 17. O. 27 , 28 , 57.

Ses effets à l'égard des créanciers. L. 18. O. 56.

Elle est liquidée en francs sans réduction. O. 62.

V. *Ascendans*, *Bordereau d'indemnité*, *Créanciers* , *Demandes* , *Étrangers* , *Légitimaires* , *Rentes* , etc.

INÉGALITÉS. D'où elles peuvent résulter. Comment seront réparées. L. 2. O. 55. V. *Demandes* , *Lésion*.

INSCRIPTION. V. *Rentes*.

LÉGALISATION. Cas où elle est nommément exigée. O. 9.

LÉGITIMAIRES. Quels sont leurs droits. L. 3. — Justifications et indications à produire par eux ou leurs représentans. O. 12, 23. V. *Bordereau d'indemnité*, *Demandes*.

LÉSION. Doit être établie séparément, et de quelle manière. O. 34. — Examinée par la commission toutes les sections réunies. O. 55. — V. *Commission*, *Conseil de préfecture*, *Préfet*, *Réclamans*.

LIQUIDATIONS (État des). A distribuer annuellement aux chambres. L. 21. V. *Commission*.

Loi (du 5 décembre 1814). Confirmation des droits qu'elle maintenait. L. 24.

Maitres des requêtes. Leurs fonctions près la commission de liquidation. O. 41.

Mandats. — V. *Assignats.*

Mémoires, ou Observations à présenter par les parties. L. 8. O. 34, 38, 40.

Ministre (de l'intérieur). — V. *Autorité compétente.*

Ministre des finances. Vérifications de sa compétence. L. 9. Quelles pièces il reçoit et transmet. L. 8 et 10.
Il adresse au directeur général l'état des dettes payées, les bordereaux d'indemnité envoyés par les préfets et les mémoires des parties, il vérifie les doubles emplois ou omissions. O. 2, 40. — Pièces qu'il envoie à la commission de liquidation. O. 44.
En cas d'acquiescement à la décision de la commission ou en cas de pourvoi, comment il procède à l'inscription et à la délivrance. L. 5, 6, 13. O. 50, 51, 52, 53, 54. Il peut lui-même exercer le pourvoi. O. 51.
Il est chargé de l'exécution de l'ordonnance. 63.
V. *Administration des domaines, Commission de liquidation, Directeur général.*

Oppositions. V. *Créanciers.*

Pᴀʀᴛɪᴄᴜʟɪᴇʀs (concession à des). **V.** *Concessions.*

Pᴇʀsᴏɴɴᴇs ɪɴᴛᴇʀᴘᴏsᴇᴇs. Quelles personnes réputées telles au cas de rachat des biens. L. 4. O. 13, 14. **V.** *Bordereau d'indemnité, Rachat.*

Pᴏᴜʀᴠᴏɪ. Les parties, comme le ministre des finances, peuvent se pourvoir au conseil d'état contre les décisions de la commission. L. 14. O. 51. **V.** *Autorité compétente, Ministre des finances, Réclamans.*

Pʀᴇ́ғᴇᴛ. Répertoire alphabétique à dresser par lui. O. 4. — Demandes à envoyer au directeur des domaines. L. 8. O. 19. — Copie à donner aux réclamans des bordereaux et états de passif. O. 34. — Ses opérations en conseil de préfecture, son avis. L. 8. O. 35, 37. — Avis particulier sur la lésion. O. 36. — Comment son avis est communiqué aux parties et adressé au ministre des finances. O. 38. — Communication aux ayant-droit des délibérations de la commission. O. 49 — Comment il statue sur le provisoire d'un titre de concession à des établissemens de bienfaisance. O. 57, 58. **V.** *Déchéance, Demandes, Directeur des domaines, Registres.*

Pʀᴇ́sᴜᴄᴄᴇssɪᴏɴ. **V.** *Ascendans, Bordereau.*

Pʀᴏᴄᴇ̀s ᴠᴇʀʙᴀᴜx perdus, etc. **V.** *Archives de département.*

Rᴀᴄʜᴀᴛs. Quels sont les droits à l'indemnité en cas de rachat de ses biens par l'ancien propriétaire, soit de tiers, soit directement de l'état ou par personnes interposées ; droits de l'héritier qui a racheté. L. 4. O. 13, 14. V. *Bordereau, Personnes interposées.*

Réclamans. Peuvent prendre communication des pièces à l'appui du bordereau d'indemnité. O. 32. — Mémoires qu'ils ont à présenter sur la communication des bordereaux et états de passif. O. 34. — Cas où leur passif excède l'actif ou le balance. O. 37. — Observations qu'ils peuvent adresser au ministre des finances sur l'avis du préfet. O. 38. — Déclarations pour obtenir l'inscription de leur rente, après la décision de la commission ; mode de cette inscription et du paiement des arrérages. O. 50, 52, 53, 54. — Peuvent se pourvoir au conseil d'état contre les décisions de la commission. O. 51.

V. *Bordereau d'indemnité, Demandes, Renonciation.*

Registres (des demandes). Il en est ouvert dans chaque préfecture : inscription qu'ils doivent contenir des demandes et de l'état des affaires : à qui les extraits peuvent en être délivrés. L. 20. O. 16. — Doivent être cotés et paraphés. Voir le modèle annexé à l'ordonnance. V. *Conseil de préfecture, Déchéance, Demandes, Préfet.*

— (de la commission). Les communications faites à la commission y sont consignées. O. 45.

— (du conseil de préfecture). Il est spécial pour ses délibérations. O. 39.

Renonciations aux successions. Par qui elles peuvent être opposées. L. 7. O. 5.

Rentes. Mode de leur inscription et de leur délivrance.
Exception pour les rentes de moins de 250 fr. L. 5, 6.
   O. 50, 52, 53, 54. V. *Ministre des finances; Réclamans.*

Rentrée en possession. V. *Rachats.*

Répertoire (des actes administratifs). V. *Préfet.*

Revenu (de 1790). Dans quels cas et comment il sert de
   base à l'indemnité. L. 2. O. 21.

Secours (Point de déduction de sommes payées à titre
   de). L. 9. O. 2.

Soulte. V. *Directeur général des domaines.*

Succession (Droit de). Quand il n'est pas dû. L. 7.

Timbre. Quels actes en sont dispensés. O. 61.

Transactions. V. *Enregistrement (droit d').*

Tribunaux. Dans quel cas il est renvoyé devant eux. L. 11.
   V. *Autorité compétente.*

Ventes. Deux classes de ventes. L. 2. O. 21, 22.
   V. *Bordereau.*

Veuves (descendantes d'émigrés, ou leurs enfans). Exception en leur faveur; comment ils justifient de leurs
   qualités. L. 23. O. 9, 10.

# TABLE
## DES ANNOTATIONS.

p. 2, 3, 16. V. *Indemnité*, *Loi*, *Propriétaire dé-*
*possédé.*

ARCHIVES (de département). Observation sur les procès
verbaux de vente, etc. qui auraient disparu : loi à
consulter, p. 79.

ABRÉAAGES. V. *Intérêts.*

ASCENDANS. Leurs droits à l'indemnité ; ce que l'on en-
tendait par partage de présuccession ; lois qui les ordonnaient, p. 52. — Droits de leurs héritiers, p. 53.

ASSIGNATS. Sont réduits d'après le cours le plus élevé au
jour du versement dans les caisses de l'état, p. 71.

AUTORITÉ COMPÉTENTE. Quand elle est administrative ou
judiciaire, p. 101 et 133. V. *Juridiction.*

AVIS. V. *Administration des domaines*, *Commission*, *Con-*
*seil de préfecture*, *Préfet.*

AVOCATS (au conseil), leur utilité pour la rédaction des
Mémoires, p. 100.

AYANT-DROIT. V. *Réclamans.*

BIENS-FONDS. (Ce que l'on entend par), p. 20. V. *Indemnite.*

BONS AU PORTEUR. Comment ils ont été délivrés, p. 32. —
Le cours s'établit par le *Moniteur*, p. 33.

rence entre le droit commun et le droit administratif, en matière de liquidation, p. 104. V. *Tierce-opposition*.

Juridiction. Comment elle appartient à l'autorité administrative, et accessoirement aux tribunaux, p. 5, 6. V. *Autorité compétente*.

Landau. V. *Français*.

Légalisation. Elle est judiciaire ou administrative; ses formes, p. 50.

Légion d'Honneur. V. *Actions des canaux*.

Légitimaires. N'ont droit à l'indemnité que pour confiscation immobilière, p. 53, 54.

Lésion (L'appréciation de la) est distincte de la liquidation, p. 6, 7, 109. — Il doit être procédé simultanément à l'une et à l'autre, p. 90, 121, 122.
Importance de la lésion; formation du fonds de réserve, p. 109, 110, 111. —Ses bases, p. 112, 113. — Comment les parties peuvent la justifier, p. 113, 114, 115. — Quels avis les préfets et conseils de préfecture doivent émettre à son sujet, p. 116. — Comment elle s'établit par la commission, p. 117, 118, 119, 120, 121, 122.
Son appréciation ne peut être attaquée par la voie con-

être attaquées que par le pourvoi , et non par opposition , p. 104. V. *Commission* , *Créanciers.*

Opposition ( Tierce- ). Cas où elle n'est pas nécessaire ,
p. 42; — où elle est admissible , p. 104. V. *Commission* , *Intervention.*

Ordonnance (du 1er. mai ), sagesse et prévoyance de ses
dispositions , p. 7 et 8.

Particuliers ( concessions à des ). V. *Concessions.*

Patrimonialisation (en cas de), aucune déclaration ni déduction ne peuvent être exigées , p. 57 et 74.
— ( Différens modes de ), p. 115. V. *Rachat.*

Personnes interposées. Quand l'interposition est reconnue
de droit , et quand elle est à reconnaître par les tribunaux , p. 55 et 56.

Philippeville. V. *Français.*

Pourvoi. Dans quels délais , comment et par qui il peut
être formé contre les décisions de la commission ,
p. 106. — Nécessité de constater la notification de
ses décisions , p. 107.

Préfets. Comment ils concourent au travail préparatoire de la liquidation , p. 4 , 5.

FIN.

PARIS. — IMPRIMERIE DE FAIN,

RUE RACINE, N°. 4, PLACE DE L'ODÉON.